Katrin Kaiser

Der Ritt nach Orléans

Johanna und ihr Hengst Uriel

Bibliografische Information der Deutschen Nationalbibliothek
Die Deutsche Nationalbibliothek verzeichnet diese Publikation in der Deutschen
Nationalbibliografie; detaillierte bibliografische Daten sind im Internet über
http://dnb.d-nb.de abrufbar.

© 2007 SchneiderBuch
verlegt durch EGMONT Verlagsgesellschaften mbH,
Gertrudenstraße 30–36, 50667 Köln
Alle Rechte vorbehalten
Titelbild: Angelika Neiser
Druck und Bindung: Westermann Druck Zwickau GmbH, Zwickau
ISBN 978-3-505-12359-7

07 08 / 8 7 6 5 4 3 2 1

1

„Baaaa!" Das Lamm schrie jämmerlich und verzweifelt. Johanna seufzte. Lämmer klangen eigentlich immer so. Traurig, verloren, einsam. „Baaaa!" Johanna trat aus dem hellgrün leuchtenden Frühlingswald heraus und schirmte mit der Hand die Augen ab, um in der strahlenden Frühlingssonne überhaupt irgendetwas zu sehen. Der Winter war endlich vorbei, heute Morgen hatte sie das erste Mal ohne den dicken Wollschal das Haus verlassen. Die große Wiese strahlte im saftigen Grün, bunte Blumen malten üppige Muster in die Wiese. Ein paar Meter von Johanna entfernt plätscherte ein kleiner Bach durch die Wiese. Auf der anderen Flussseite, wolleweiß und aufgeregt: „Baaaaa!" Das Lamm. Es wollte sich offensichtlich keine nassen Füße beim Überqueren des Wassers holen und lief aufgeregt am Ufer auf und ab. Zum Glück war es nicht einfach hineingesprungen.

Das hätte Johanna gerade noch gefehlt – sie und ihre Schwester Catherine trugen heute die Verantwortung für die Schafherde von Domremy. Es wäre mehr als peinlich gewesen, wenn sie ein Lamm verloren hätten. Sie konnte sich lebhaft vorstellen, was sie dann erwartet hätte: Ihr Vater, der seine Töchter nur kopfschüttelnd betrachtete und sich fragte, womit er so unglaublich nutzlose Mädchen verdient hatte. Fast konnte sie ihn hören. „Die eine betet den ganzen Tag und will Nonne werden, die andere hält sich für einen Jungen – und benimmt sich auch so. Und beide zusammen können keine Herde Schafe hüten!" Dazu ihre Brüder, die sie frech angrinsten, und ihre Mutter, die immer an ihrem Rocksaum herumknetete und nie eine eigene Meinung hatte.

Johanna stieg mit einem großen Schritt über den Bach, fing das strampelnde Lamm ein und streichelte es hinter den Ohren. „Gut, dass ich dich gefunden habe!", flüsterte sie in sein kleines Ohr. „Sonst hätten wir morgen beim Frühlingsfest nicht dabei sein dürfen. Und das alles nur, weil du nicht bei deiner Mama bleiben kannst."

Mit einer schwungvollen Bewegung legte sie sich das Lamm über die Schulter. Das kleine Tier blökte noch einmal erschrocken auf und fing an, mit den Beinen zu strampeln. Aber damit hatte Johanna gerechnet. Sie hielt die Beine mit beiden Händen gut fest, drehte sich um und verschwand wieder im Wald. Trotz der Last auf ihrer Schulter war sie fröhlich. Sie fing an, ein Lied zu singen, das sie am Tag vorher von ihren Brüdern gelernt hatte. Der Buchenwald leuchtete im frischen Grün, der Boden unter ihren Füßen federte bei jedem Schritt, das Lamm war gesund und munter – manchmal war das Leben perfekt.

Wenig später erreichte sie die große Waldlichtung, auf die sie heute Morgen die Herde getrieben hatten.

„Catherine?", rief Johanna. Die blonden Zöpfe ihrer Schwester waren nirgends zu sehen. Johanna sah sich verwundert um und rief noch einmal: „Catherine!" Als einzige Antwort hörte sie das Gezwitscher der Vögel. Auf der Mitte der Lichtung standen die Schafe und grasten das frische Frühlingsgrün ab. Das kleine Lamm auf Johannas Schultern schien zu spüren, dass es nicht mehr fern von seiner Herde war. Es fing wild an zu zappeln.

„Keine Angst, du darfst ja zu deiner Mutter", murmelte Johanna beruhigend. Sie bückte sich und entließ das kleine Tier mit einem liebevollen Klaps. „Pass auf dich auf! Und komm mir nicht wieder mit deinem ‚Baaaa', wenn du nicht weißt, wo deine Familie steckt!"

Mit staksigen Beinen entfernte sich das kleine Wollknäuel. Es konnte es offensichtlich nicht erwarten, seine Familie wiederzutreffen. Johanna sah ihm einen Moment nach. Dann richtete sie sich wieder auf, strich sich eine widerspenstige dunkle Strähne aus dem Gesicht und rief ein drittes Mal nach Catherine. Wieder keine Antwort. Johanna sah nach dem Stand der Sonne. Es würden noch einige Stunden vergehen, bis es dunkel wurde. Sie hatte also noch genug Zeit, um in Catherines Lieblingsversteck zu suchen. Johanna pfiff leise nach dem Hütehund des Dorfes. Der große, zottelige Hund erhob sich am Waldrand und kam wie ein Schatten durch das Gras auf sie zugerannt. Er hielt neben ihr an und sah sie hechelnd an. Johanna fand immer, dass es so aussah, als würde er lächeln. Sie bückte sich zu ihm hinunter. „Rollo, kannst du auf die Schafe aufpassen? Sie sollen alle hier auf der Lichtung bleiben. Kriegst du das hin?"

Rollo sah sie unverwandt an und klopfte mit seinem langen, buschigen Schwanz auf den Boden. Johanna beschloss, dass das wohl ein Ja bedeuten musste.

Sie sah noch einmal kritisch zur Sonne hoch, dann drehte sie sich um, raffte ihre langen Leinenröcke und begann mit dem mühseligen Anstieg. Direkt hinter der Lichtung ging es für ein paar hundert Meter steil bergauf. Der Wald war hier dichter, die Buchen wurden weniger, Nadelgehölz wucherte und bildete ein undurchdringliches Dickicht. Nur ein schmaler Pfad führte durch diesen dunklen Abschnitt. Johanna fröstelte, obwohl ihr von dem schnellen Anstieg warm geworden war. Sie fand diesen Wald unheimlich. Auf den hellen Wiesen, auf denen Schmetterlinge tanzten und es süß nach Frühlingsblumen duftete, fühlte sie sich wohler. Aber ihre Schwester Catherine war da anders.

Johanna spürte, wie sich zwischen ihren Schulterblättern der Schweiß sammelte und schließlich ihren Rücken hinunterlief. Das steife alte Leinen fing an zu scheuern, die Röcke klebten an ihren Beinen fest. Johanna fluchte leise, bemerkte, was sie da getan hatte, und bekreuzigte sich sofort. Zum Glück hatte sie den steilen Anstieg fast geschafft. Der Pfad wurde plötzlich breiter und eben. Noch ein paar Meter, und Johanna stand vor der kleinen Kirche, die sie gesucht hatte. Der verwitterte Steinbau duckte sich unter ein paar mächtige Fichten, die schützend ihre Zweige über das windschiefe Dach ausbreiteten. Johanna hatte wenig für das malerische Bild übrig. Sie öffnete schwungvoll die angelehnte Holztür und blieb stehen, damit sich ihre Augen an das Halbdunkel im Inneren der Kirche gewöhnen konnten. Nach wenigen Augenblicken erkannte sie die kniende Figur vor dem kleinen Altar. Vorsichtig näherte sie sich ihrer Schwester. Catherine konnte furchtbar erschrecken, wenn man sie zu abrupt aus der Versenkung des Gebetes riss.

Johanna sah ihre jüngere Schwester nachdenklich an. Ihre dicken blonden Zöpfe fielen ihr über den geraden, schmalen Rücken. Die Augen hielt sie geschlossen, sodass ihre langen Wimpern Schatten auf ihre rosigen Wangen warfen. Der volle Mund bewegte sich leise im Gebet. Johanna musste gegen ihren Willen lächeln. Catherine hatte sich im letzten Winter zu einer echten Schönheit entwickelt. Spätestens morgen, beim Frühlingsfest, würden das alle Männer von Domremy sehen. Und erfahren, dass Catherine nicht von Männern träumte. Ihre Gedanken kreisten in einem fort um den Erzengel Michael, dem diese kleine Kapelle geweiht war. Für ihn wollte Catherine täglich beten, wegen ihm wollte sie ins Kloster. Johanna lächelte. Für sie war Catherine selber eine kleine Heilige. Vorsichtig, um Catherine nicht zu erschrecken, legte sie ihre Hand auf die Schulter ihrer Schwester. Die schlug ihre leuchtend blauen Augen auf und sah verwirrt um sich, bis sie Johanna erkannte. Dann bekreuzigte sie sich noch einmal, sprach das Amen und sah ihre Schwester verwundert an.

„Bist du schon lange hier?"

Johanna schüttelte den Kopf. „Nein, ich bin gerade erst gekommen. Ich habe das Lamm gefunden, es hatte sich verirrt und sich dann nicht mehr über einen Bach gewagt ..."

„Dem Heiligen Michael sei Dank!", sprach Catherine und bekreuzigte sich noch einmal.

Johanna lächelte schief. Sie fand, dass ein Teil des Lobes durchaus ihr gebührte. Immerhin hatte sie das ferne Mähen des verirrten Lammes gehört und sich auf die Suche gemacht. Die erfolgreiche Suche, wohlgemerkt!

Aber sie konnte ihrer Schwester mit ihrer Begeisterung für den Erzengel einfach nicht böse sein. Sie strich Catherine über den Scheitel und stimmte ihr zu.

„Ja, dem Michael sei Dank! Aber jetzt müssen wir zurück zur

Lichtung und sehen, ob Rollo gut aufgepasst hat. Ich möchte nicht zweimal am Tag deinen Erzengel bemühen."

„Das ist nicht mein Erzengel!", widersprach ihre ernsthafte Schwester, während sie sich in der dunklen Kapelle der Tür zuwandte. „Er ist auch dein Erzengel. Das sagt er mir immer wieder!"

„Er redet mit dir?" Johanna sah ihre Schwester mit großen Augen an.

„Sicher." Catherine zuckte mit den Schultern. „Das würde er mit jedem tun. Die Menschen sind nur viel zu beschäftigt, um ihm zuzuhören. Aber keine Angst: Du wirst es auch noch lernen. Das hat er mir versprochen."

Ohne weiter auf ihre verdatterte Schwester zu achten, schob Catherine die Tür der Kapelle auf und machte sich auf den Weg ins Tal, zurück zur Schafherde.

Johanna drehte sich noch einmal zu dem schlichten Altar um. Unter dem mit groben Strichen gemalten Engel lag ein einfacher Wiesenstrauß. Den hatte Catherine sicher unten auf der Lichtung gepflückt, bevor sie hierhergekommen war. Ihre Schwester würde nie mit leeren Händen zu ihrem Michael kommen.

Mit einem Kopfschütteln drehte Johanna sich um, um Catherine zu folgen. Vielleicht hatten ihre Eltern ja recht. Catherine würde erst in einem Kloster glücklich werden. Gemeinsam gingen die beiden Schwestern wieder zu der Lichtung, auf der Rollo brav die Schafe bewachte. Johanna vermied es, mit ihrer Schwester noch einmal über den sprechenden Erzengel Michael zu reden. Stattdessen packte sie den frischen Ziegenkäse und das Brot aus, das ihre Mutter erst gestern gebacken hatte.

„Komm, lass uns ein wenig essen", rief sie ihrer Schwester zu. „Ich finde, wir haben uns die Stärkung verdient. Immerhin sind jetzt wieder alle Schafe auf der Lichtung – und sogar dich habe ich wiedergefunden!"

Catherine warf sich neben Johanna auf den weichen Waldboden und brach sich ein großes Stück von dem Brot ab. Plötzlich wirkte sie wieder wie die 13-Jährige, die sie auch war.

„Mir ist es egal, womit wir uns das Essen verdient haben. Ich finde es auf jeden Fall köstlich! Vor allem, wenn man bedenkt, dass es nicht alle so gut haben …"

Johanna kaute nachdenklich auf dem sahnigen Stück Käse weiter. Catherine hatte recht. In Frankreich tobte der Krieg – und der engste Verwandte des Krieges war der Hunger. Aber in Domremy herrschte keine Not. Bis jetzt hatten sie von dem Krieg kaum etwas gemerkt. Hin und wieder entdeckten sie eine einsame Rauchfahne am Horizont, die zeigte, dass irgendwo in nicht allzu großer Entfernung ein Dorf geplündert wurde. Aber ihr Dorf war bis heute von den Burgundern verschont geblieben.

Johanna biss noch einmal von dem Brot ab. Fast zornig zermahlten ihre Zähne die knusprige Kruste. Diese Burgunder. Natürlich waren sie Franzosen, aber sie hatten sich von den dreckigen Engländern und ihren Versprechungen kaufen lassen. Für Geld kämpften Franzosen gegen Franzosen. Johanna schüttelte den Kopf, um die düsteren Gedanken zu vertreiben, und zwang sich, aufmerksam auf der großen Lichtung nach den Schafen und den vorwitzigen Lämmern Ausschau zu halten. Erst jetzt merkte sie, dass die Sonne schon tief stand und ihre schrägen Strahlen durch die Bäume schickte.

„Komm, wir müssen die Herde zurück ins Dorf treiben!"
Johanna erhob sich und wischte sich die letzten Käsekrümel an
ihrer Schürze ab. Wie ein Schatten tauchte Rollo neben ihr auf
und wartete schwanzwedelnd auf ihren Befehl. Johanna streichelte ihm über den struppigen Kopf, bevor sie ihm leise zu-
flüsterte: „Treib sie zusammen und bring sie nach Hause!"
Einen winzigen Augenblick verharrte der große Schäferhund
noch, dann machte er sich mit langen Sprüngen an die Arbeit.
Johanna und Catherine mussten nur gemütlich hinter der
Herde über den schmalen Weg bis zum Waldrand laufen. Hier
öffnete sich das Tal zu einer weiten, sanften Senke, in der das
Dorf Domremy lag. Schon aus der Ferne erkannte Johanna das
schräge Dach ihres Elternhauses. Es war eines der wenigen
Steinhäuser im Dorf, immerhin war ihr Vater der Bürgermeis-
ter.

Irgendetwas bewegte sich vor ihnen auf der Straße, die durch
das Dorf führte. Johanna zog ihre Augenbrauen zusammen und
bemühte sich, zu erkennen, was da so viel Staub aufwirbelte.
Sie drehte sich halb zu Catherine um. „Was ist das? Kannst du
sehen, was da kommt?"

Catherine starrte ebenfalls auf die Straße. Wenige Augenblicke später erkannten sie eine Gruppe von Reitern, die schnell
näher kam. Unwillkürlich machte Johanna einen Schritt zurück
in den schützenden Schatten der Bäume.

Jetzt konnte sie die einzelnen Reiter voneinander unterschei-
den. Ihre Hemden waren sicher einst farbenprächtig gewesen,
aber jetzt konnte man sogar aus der Entfernung erkennen, dass
die Farben verblasst waren. Die Pferde der Gruppe wirkten dagegen prächtig und temperamentvoll. Sie trugen ihren starken

Hals stolz aufgewölbt, die lange Mähne fiel wellig auf beiden Seiten des Halses nach unten. Das Fell glänzte bei einigen in warmem Braun, die Füchse schimmerten rot, und Johanna konnte sogar einen Schimmel erkennen, bei dem die Nüstern blutrot aufleuchteten. Er war so weiß wie Milch, kein einziges dunkles Haar schien sich darunter gemischt zu haben. Seine Mähne und sein Schweif sahen aus wie flüssiges Silber. Johanna verschlug es den Atem beim Anblick dieses Hengstes. Die etwa zehn Pferde näherten sich im flotten Galopp.

Die Straße führte so dicht am Waldrand entlang, dass Johanna den Schweiß der Pferde riechen konnte. Sie sah den Schaum in großen Flocken an den Kandaren der Pferde und bewunderte die Hufe, die rhythmisch in den Sand der Straße trommelten. Nur mühsam riss sie sich von dem Anblick los und sah die Soldaten an. Unter den hochgeklappten Visieren konnte sie verwegene Bärte erkennen. Und müde, dreckige Gesichter, die bestimmt schon seit dem letzten Herbst keine Wäsche mehr erlebt hatten. Der Reiter des Schimmels sah jünger aus als die anderen, sein Gesicht war glatt rasiert, die blau-schwarzen Farben seines Waffenhemdes leuchteten noch. Er bemerkte Johanna am schattigen Waldrand und ließ sie im Vorbeigaloppieren nicht aus den Augen. Noch bevor Johanna einen Ton sagen konnte, verschwand der Trupp um die nächste Wegbiegung. Die beiden Mädchen standen reglos am Waldrand und lauschten den Pferdehufen, die schnell leiser wurden und dann nicht mehr zu hören waren.

Catherine fasste sich als Erste wieder.

„Burgunder!", flüsterte sie. „Sie sind noch nie hierhergekommen. Wo wollen sie nur hin?"

„Das waren keine Burgunder, du Dummkopf. Das waren Franzosen! Hast du nicht die Wappen des Prinzen gesehen? Vielleicht suchen sie ja ihr Heer und haben den Anschluss verloren", erwiderte Johanna. Sie war in Gedanken immer noch bei den prächtigen Pferden. Vor allem bei dem Schimmel. Seine Augen hatten wie Kohlestücke geglüht, als er an ihr vorbeigaloppiert war. Wenn sie nur einmal auf so einem Tier sitzen dürfte … Das würde sich bestimmt so anfühlen, als ob man den Wind gezähmt hätte. Mit seiner Kraft und Macht wäre sie nicht mehr bloß ein kleines Mädchen mit dreckigen nackten Füssen in einem Dorf mitten in Lothringen.

Sie seufzte. „Einmal auf so einem Pferd reiten! Stell dir das doch vor, Catherine!"

Catherine sah sie ernst an. „Johanna, du kannst unsere Mimi reiten. Sie ist brav und freundlich – das ist ganz etwas anderes als so ein Streitross. Hast du nicht bemerkt, wie wild die wirkten? Der Weiße sah aus wie der Teufel persönlich." Catherine schüttelte entsetzt den Kopf. „Und schlimmer ist doch: Sie suchen ein Heer. Das heißt, dass der Krieg näher gekommen ist. Vielleicht sind die Burgunder nicht mehr weit!" Catherines Augen wurden groß und rund.

Johanna sah sich um. Das Tal sah so friedlich aus wie zuvor. Das hellgrüne Frühlingsgras leuchtete in der Abendsonne, die blühenden Obstbäume sahen aus wie Schneewolken. Was konnte diese Schönheit zerstören? Sie schüttelte entschlossen den Kopf. Hier würde sich nichts verändern. Ganz bestimmt nicht.

„Was soll der Krieg in Domremy? Wir sind doch viel zu unbedeutend", beruhigte sie ihre kleine Schwester.

Aber die hatte fröstelnd ihre Arme um den Körper geschlungen. Mit bebenden Lippen sah sie in die Richtung, in die die Reiter verschwunden waren.

„Ich spüre das Unglück kommen", flüsterte sie. „Der Erzengel hat es auch gesagt!"

Jetzt reichte es Johanna. Einmal am Tag über oder gar mit dem Erzengel Michael zu reden, reichte ihr voll und ganz. Sie pfiff nach Rollo und machte sich auf, um die letzten Meter ins Dorf zu gehen.

„Komm schon, Catherine! Wir müssen die Schafe noch für die Nacht einsperren, und gleich ist es dunkel!" Sie trieb ihre Schwester mit einer Handbewegung zur Eile.

Catherine aber blieb regungslos am Waldrand stehen. „Unglück …", wiederholte sie leise.

Johanna schüttelte sie an den Schultern und lachte, um die unheimliche Stimmung zu vertreiben.

„Ja, es wird ein Unglück geben. Und zwar deshalb, weil die Schafe nicht rechtzeitig in ihrem Pferch eingesperrt sind. Und ich kann dir noch etwas vorhersagen: Das Unglück wird unser Vater sein. Der versteht wenig Spaß, wenn es um den Besitz von Domremy geht!"

Erst jetzt schien Catherine aus ihrer Starre zu erwachen. Sie lächelte mühsam, zog das dunkelrote Dreieckstuch um ihre Schultern zusammen und setzte sich in Bewegung.

„Ich komme ja schon, wegen mir werden wir nicht zu spät sein."

Wenig später verschloss Johanna mit dem hölzernen Riegel den großen Schafpferch von Domremy. Die Schafe liefen noch ein wenig planlos im Kreis herum, aber bald würde Ruhe ein-

15

kehren. Jetzt verschwand die Sonne hinter dem Horizont, und Johanna drängte zur Eile.

„Was hältst du von einem kleinen Wettlauf nach Hause? Wer zuerst ankommt, muss heute Abend nicht das Wasser für den Abwasch holen!"

Das war verlockend. Vor allem für Catherine, die sich in der Dunkelheit immer fürchtete. Sie hasste es, über den dunklen Hof zum Brunnen zu gehen, um das Wasser zu holen.

Aber Catherine schüttelte nur den Kopf.

„Johanna, ich habe noch nie ein Wettrennen gegen dich gewonnen. Du läufst schneller als alle Jungen aus dem Dorf!"

„Ich lasse dir auch einen Vorsprung!", lockte Johanna. „Ich bleibe hier stehen, bis du dort vorne an dem Wegkreuz bist!"

Catherine lachte. „Vergiss es, Johanna. Du bist größer, du bist stärker, du gewinnst. Immer." Sie ging los und warf dabei ihre blonden Zöpfe nach hinten.

Johanna lief ihr achselzuckend hinterher.

Beim Abendessen herrschte Schweigen in der Familie Darc. So wollte es das Oberhaupt der Familie, der Bürgermeister von Domremy, Jacques Darc. Für Johanna und Catherine war das nicht ungewöhnlich, seit ihrer Kindheit wurden die Mahlzeiten nur vom Geräusch der Holzlöffel auf den Steinguttellern begleitet. Johanna löffelte ihren Kohleintopf und fischte nach den wenigen Brocken Schweinebauch, die ihre Mutter hineingeworfen hatte. Heimlich schielte sie zu ihren Brüdern hinüber. Aber auch sie hielten ihre Köpfe gesenkt und schenkten ihre ganze Aufmerksamkeit dem Eintopf. Erst als der Vater den Löffel zur Seite legte, war der unterhaltsame Teil des Abends eröffnet. Jacques Darc sah in die Runde.

„Wer von euch geht morgen zum Frühlingsfest?"

Alle seine Kinder sahen ihn an. Natürlich gingen sie alle zum Fest an der alten Buche, was glaubte er denn? Jacques sah seinen ältesten Sohn Jean an. „Ich brauche wenigstens einen, der bei mir bleibt, um nach dem Rechten zu sehen. Heute Abend ist ein Trupp Soldaten durch Domremy geritten. Wir wissen nicht, was das bedeutet …"

„Aber von den Soldaten ist noch nie etwas Gutes gekommen!", bekräftigte Jean seinen Vater. Er richtete sich auf und sah ernst in die Runde. „In Ordnung. Ihr geht morgen zur Buche und feiert, Vater und ich passen hier auf."

Johannas Vater schüttelte seinen Kopf. „Das wird nicht reichen. Wir müssen überlegen, was wir machen, wenn tatsächlich die Burgunder kommen. Es gibt zu wenige Männer in Domremy, wir können uns nicht verteidigen. Oder zumindest nicht das ganze Dorf. Vielleicht müssen wir uns zurückziehen. In die alte Burg, oder … ich weiß es nicht. Lass uns zum Pfarrer gehen, gemeinsam können wir einen Plan fassen."

„Kann ich nicht mitkommen?", platzte Johanna heraus. „Catherine und ich haben heute auch die Soldaten gesehen, sie sind ganz nahe an uns vorbeigaloppiert!"

Jacques sah seine vorlaute Tochter strafend an. „Du bist ein Mädchen. Fast eine Frau. Was hast du mit dem Krieg zu schaffen? Das ist Männersache. Geh, und hilf deiner Mutter beim Abwasch, während ich mit deinen Brüdern hier einen Plan überlege."

Johanna zögerte und blieb auf ihrem Stuhl sitzen. Wenn es zu wenige Männer in Domremy gab – dann mussten vielleicht doch die Frauen helfen?

Aber ihr Vater funkelte sie unter seinen buschigen schwarzen Brauen an.

„Tu, was ich dir gesagt habe, Johanna! Hilf deiner Mutter!"

Widerstrebend erhob sich Johanna. Sie wusste genau, dass ihr Platz nicht in der Küche war.

2

Das Frühlingsfest unter der alten Buche war ein Brauch aus längst vergangenen Zeiten. Damals tanzten einer Sage nach die Feen im Mondschein über die Täler und Wiesen, während die Elfen den Menschen Wünsche erfüllten oder Streiche spielten – je nach Laune. Heute war alles anders. Nur die Alten in Domremy glaubten noch an die Wesen aus der anderen Welt, die angeblich unter der alten Buche lebten. Die jungen Männer und Mädchen des Ortes nahmen das jahrhundertealte Fest als einen wunderbaren Anlass, zu feiern und die Sorgen des Alltags hinter sich zu lassen. Einmal das gute Hemd anziehen, einmal ein neues Kleid schneidern – und dann fröhlich und unbeschwert tanzen und vielleicht sogar dem Mädchen den Hof machen, auf das man schon lange ein Auge geworfen hat.

Johanna kämmte sich sorgfältig die Haare, die sie heute Morgen extra im Bach gewaschen hatte. Jetzt dufteten sie und fielen lang, glatt und tiefbraun über den ganzen Rücken. Johanna trug die Haare sonst nie offen, sondern immer brav unter einer Haube, versteckt vor allen Blicken. Aber heute war ein Festtag, heute wurden das Leben und der Frühling gefeiert. Heute wollte sie sich einmal herausputzen. Sie legte langsam die dicke Leinenschürze über den dunkelroten Rock. Ihr Mieder hatte die gleiche Farbe, über ihre Schultern legte sie ein dreieckiges Tuch aus fein gesponnener Wolle von jungen Schafen. Heute sah sie einmal nicht wie eine einfache Schafhirtin aus! Stolz richtete sie sich auf, als ihre Mutter das Zimmer ihrer Töchter betrat.

„Du siehst wunderbar aus, mein Schatz!" Isabelle Darc strich ihrer Tochter über das Haar. Dann wandte sie sich Catherine zu. „Na, Kleine, bist du aufgeregt? Immerhin gehörst du jetzt nicht mehr zu den Kindern auf dem Frühlingsfest!"

Catherine schüttelte den Kopf. „Eigentlich möchte ich da gar nicht hin, Mutter. Ich würde viel lieber Einkehr halten. Was soll ich auf dem Frühlingsfest?"

Isabelle lächelte geheimnisvoll. „Du wirst schon sehen …"

Dann griff sie in ihre Tasche und brachte einen kleinen dunkelblauen Beutel zum Vorschein. „Ich habe dir ein Geschenk mitgebracht. Erinnerst du dich, als ich letztes Jahr auf der Pilgerreise war? Bis heute habe ich das hier für dich aufbewahrt!"

Damit überreichte Isabelle ihrer Jüngsten das Geschenk. Johanna sah mit großen Augen zu, wie ihre Schwester den Beutel betastete. Sie hatte bis jetzt immer nur Dinge wie einen neuen Rock oder einen neuen Schal geschenkt bekommen. Aber noch nie etwas so Winziges! Catherine nestelte an der dünnen Schnur, die den kleinen Beutel fest verschlossen hielt. Endlich löste sie sich, und Catherine griff hinein. Mit einem kleinen Aufschrei zog sie eine dünne silberne Kette mit einem runden, glänzenden Anhänger heraus. Sie rannte zum Fenster, um genauer erkennen zu können, was ihre Mutter da ausgesucht hatte.

„Mama, das ist doch …"

Isabelle nickte. „Das Amulett zeigt den Heiligen Michael. Ich habe es in der Pilgerkirche segnen lassen. Es soll dich immer beschützen. Ich dachte, das ist doch dein liebster Heiliger …

Dann kannst du immer zu ihm beten, egal, wo du bist! Und er ist sogar bei dir, während du auf dem Frühlingsfest bist."

Catherine rannen Tränen über die kindlichen Wangen. „Das ist so wunderbar, Mama. Ich werde das Amulett immer in Ehren halten, immer darauf aufpassen." Ihre Stimme wurde ehrfürchtig. „Jetzt habe ich endlich den Heiligen Michael für immer bei mir, ich werde nie von ihm getrennt sein."

Isabelle lächelte nachsichtig. „Du hattest ihn auch vorher immer bei dir, glaube mir, Isabelle. Aber ich fand, dass dein erstes Frühlingsfest als junge Frau ein guter Grund ist, dir etwas Schönes zu schenken. Und jetzt zieh dich endlich fertig an! Johanna wartet schon auf dich."

Catherines Rock und Mieder waren so dunkelgrün wie das Moos an den schattigen Stellen im Wald. Darüber leuchtete ihre cremefarbene Schürze. Statt der Zöpfe band sie heute ihre Haare im Nacken mit einem einfachen Band zusammen. Zuletzt nahm sie die Kette und bat Johanna: „Kannst du es mir bitte umlegen?"

Johanna nahm das dünne Silberkettchen und legte es um den Hals ihrer Schwester. Dabei betrachtete sie das Amulett genauer. Es zeigte einen jungen Mann mit welligen Haaren, einem langen Gewand und großen Flügeln. In der einen Hand hielt er ein Flammenschwert, in der anderen eine Waage. Johanna wusste, dass Michael die Seele der Toten wog und mit dem Flammenschwert die Unwürdigen aus dem Paradies vertrieb. Der Engel auf dem Amulett schien sie direkt anzusehen.

Johanna kniff die Augen zusammen. Der Engel sah sie weiter an, jetzt schien er sogar zu lächeln! Als hätte sie sich verbrannt, trat sie schnell einen Schritt zurück und zwang sich, das

21

Schmuckstück nicht weiter anzusehen. Sie überspielte ihre Überraschung. „Jetzt komm schon, Catherine. Sonst fängt das Fest noch ohne uns an!"

Die beiden Schwestern rannten die enge Stiege in ihrem Elternhaus nach unten und liefen so schnell sie konnten zu dem Hügel in der Nähe von Domremy, auf dem die alte Buche schützend ihre Äste über die Feiernden breitete. Schon von ferne konnten sie den Gesang der Frauen hören. Sie wurden begleitet von zwei Spielleuten, die extra zum Frühlingsfest angereist waren. Sie hatten eine Laute und eine Cornamuse dabei, mit denen sie den Gesang unterstützten.

Johanna war das schon fast Feier genug: Musik! Sonst hörten sie nie Musik, nur in der Kirche ein wenig Gesang. Aber jetzt blies der Spielmann mit vollen Backen in die Cornamuse und erzeugte einen sanften, klagenden Ton, der ihr durch Mark und Bein ging.

Jetzt winkte schon einer der Darc-Brüder nach seinen Schwestern, und Johanna und Catherine rannten die letzten Meter bis zu dem Fest. Ein paar Frauen des Dorfes hatten lange Bänke und Tische aufgestellt, die sich jetzt unter den Leckereien bogen. Es gab frischen Zwiebelkuchen, sahnigen Ziegenkäse und kräftigen Schafskäse. In einigen Tiegeln sah Johanna leuchtend grüne Kräuter, die mit Öl vermengt waren und nur darauf warteten, dass man das frische, knusprige Brot hineintauchte. Johanna lief das Wasser im Mund zusammen. Außerdem gab es natürlich große Krüge mit neuem Wein und klarem Quellwasser. In den kleineren Krügen war bestimmt der scharfe Schnaps, den einige Dorfbewohner in den langen Wintermonaten aus Äpfeln gebrannt hatten.

„Hallo, meine Schönen!", rief einer der Burschen. Seine Zunge war schon schwer, offensichtlich hatte ihm der Obstbrand gut geschmeckt. Johanna wandte sich ab. Sie konnte betrunkene Männer nicht leiden. Zusammen mit Catherine setzte sie sich an einen anderen Tisch.

Der Betrunkene zog ein enttäuschtes Gesicht. „Die Töchter des Bürgermeisters sind wohl zu gut für mich, was?"

Catherine drehte sich um und sah ihn freundlich an. „Nein, sind wir nicht. Aber du bist zu betrunken für uns!"

In dieser Sekunde stimmten die beiden Spielleute ein neues Lied an. Zu den fröhlichen Klängen standen die meisten auf und drehten sich auf der Tanzfläche. Johanna beobachtete, dass gleich drei Männer auf Catherine zusteuerten. Der Sohn des Schmiedes machte das Rennen und verbeugte sich vor Catherine. Johanna konnte nicht hören, was er sagte, aber ihre Schwester lächelte schüchtern, griff nach seiner Hand und ging mit ihm zum Tanzen. Es war genau so, wie Johanna es sich vorgestellt hatte: Die Männer und Burschen aus dem Dorf erkannten alle schnell, dass Catherine eine echte Schönheit geworden war. Wenigstens hatte ihre blonde Schwester für heute beschlossen, Spaß zu haben – und nicht immer nur zu beten.

Mit einem Lächeln im Gesicht kam Marcel, der Knecht des Müllers, auf Johanna zu. Er packte sie an beiden Händen.

„Komm, tanz mit mir!"

Johanna legte sich in seinen Arm und ließ sich fröhlich über den Tanzboden führen. Der Lautenspieler stimmte sofort danach das nächste Lied an, und Johanna tanzte weiter mit Marcel, bis die Sonne hoch am Himmel stand. Sie löste sich aus seinen Armen.

„Ich muss endlich einen Schluck trinken und etwas essen, sonst halte ich nicht bis heute Abend durch!", stieß sie völlig außer Atem hervor.

Marcel strahlte sie an. „Aber nur, wenn du mir versprichst, später noch einmal mit mir zu tanzen!"

Johanna schüttelte lachend den Kopf. „Ich muss noch andere Burschen glücklich machen, Marcel. Nicht nur dich!"

Sie lief zu den Tischen und setzte sich schwer atmend und erhitzt zu den älteren Frauen, die dem Tanz belustigt zusahen. Johanna stürzte einen Becher eiskaltes Wasser hinunter und griff nach dem hellen Brot. Mit Kräutern und Käse war es ein echtes Festmahl.

Zum ersten Mal an diesem Tag musste sie an Jean und ihren Vater denken, die zu Hause geblieben waren, um Domremy vor den herannahenden Burgundern zu schützen. Sie sah in Richtung Domremy. Aber sie konnte nichts erkennen außer den friedlichen Wiesen, die das Dorf umgaben. In der Ferne meckerten ein paar Ziegen. Vielleicht war ihr Vater ja doch übervorsichtig. Und was sollten er und Jean schon alleine gegen die Burgunder ausrichten? Johanna zuckte mit den Schultern und machte sich über ein lauwarmes Stück Zwiebelkuchen her. Sie wollte diesen Tag genießen! Der Krieg würde doch nicht ausgerechnet den Tag des Frühlingsfestes wählen, um über Domremy herzufallen!

Noch Jahre später würde sie sich an diesen Moment erinnern. Den letzten friedlichen, unbeschwerten Augenblick ihres Lebens.

Während sie einen großen Bissen Zwiebelkuchen mit verdünntem Wein hinunterspülte und der Cornamuse lauschte, veränderte sich plötzlich irgendetwas. Johanna lauschte genauer. Hier unter der Buche unterhielten sich alle, es wurde gelacht, die Spielleute sangen ein Lied – aber irgendetwas war anders. Sie stand auf und hob die Hand.

„Seid alle ruhig!", rief sie, ohne eine Sekunde nachzudenken, ob ihr so ein Befehl eigentlich zustand. Zu ihrer Überraschung gehorchten alle. Die Gespräche erstarben, zuletzt ertönte nur noch das betrunkene Lachen des alten Pierre, der sowieso nichts mehr hörte. Aber auch der merkte, dass alle verblüfft Johanna ansahen, und verstummte.

Johanna sah Richtung Domremy. Nichts. Absolut gar nichts. Das war es! Die Ziegen und die Vögel waren verstummt, und sogar die dämlichen Schafe waren still. Ein dünner, dunkler Rauchfaden erhob sich über dem friedlichen Dorf – und Johann begriff sofort, was in diesem Moment passierte.

„Die Burgunder!", schrie sie in wilder Panik. „Sie sind da!"

In dieser Sekunde löste sich aus dem nahen Waldrand eine Gruppe Reiter. Sie jagten im vollen Galopp auf die alte Buche zu und bremsten auch nicht ab, als sie die ersten Tische erreichten. Johanna sah aus nächster Nähe die aufblitzenden Schwerter und die Hufeisen an den um sich schlagenden Pferdebeinen. Die Schlachtrösser trampelten einfach über die Bänke hinweg, während die Menschen schreiend versuchten, den tödlichen Hufen zu entgehen. Johanna sah, wie ihre alte Tante Marie von einem Reiter mit einem Faustschlag zu Boden gestreckt wurde. Ein anderes Pferd wurde von seinem Reiter mit langen Sporen angetrieben, um einfach über Marie hinwegzugaloppieren. Johanna sah die dreckigen Hufabdrücke auf der weißen Schürze, die Marie zur Feier des Tages angelegt hatte.

25

Sie wusste nur eines: Sie mussten zurück ins Dorf. So schnell wie möglich. War ihr Vater schon tot? Was sollten sie nur tun?

Einer der Burgunder hielt seinen stämmigen Hengst mitten auf dem Tanzboden an. In seiner Hand hielt er einen vollen Krug mit Wein, der überschwappte. Er nahm ein paar große Züge und warf dann den Krug an den Stamm des alten Baumes. Ohne ein Wort sah er in die Runde, griff dann zu seinem breiten, kurzen Schwert und spornte sein Pferd an, auf die kleine Gruppe Menschen loszugehen, die sich zusammengedrängt hatte. Der Hengst gehorchte.

Johanna wich zurück, drehte sich um und rannte los. Über die Schulter schrie sie mit überschnappender Stimme: „Wir müssen ins Dorf! Schnell!!"

Verwirrte, jammernde und schreiende Dörfler folgten ihr – Johanna war selbst überrascht. Und noch mehr wunderte sie sich über die Burgunder. Die zügelten ihre Pferde und stiegen ab. Während die Flüchtenden Richtung Domremy rannten, sah Johanna aus dem Augenwinkel, wie die Soldaten einige Tische wieder aufrichteten und sich an den Leckereien der Feiernden gütlich taten. Vor allem der selbst gebrannte Schnaps schien die Soldaten erst mal von allem anderen abzulenken. Das Essen und Trinken hatten den Einwohnern von Domremy einen winzigen Vorsprung beschert.

Kurz bevor sie das Dorf erreichten, kamen ihnen Jacques Darc und Jean im Laufschritt entgegen. „Habt ihr sie gesehen?", schrie Jacques schon von Weitem.

Johanna deutete über ihre Schulter. „Sie sitzen unter der Buche und essen unsere Reste. Es kann nicht lange dauern, bis alles weg ist. Und dann sind sie auch noch betrunken!"

Ihr Vater nickte und rief: „Alle Frauen und Kinder müssen weg! Sofort! Ihr nehmt die Tiere mit!"

Die alte Marie, dreckverschmiert und mir wirr herabhängenden weißen Haaren, sah ihren Bürgermeister wütend an. „Und wohin sollen wir? Die Burgunder sind doch überall!"

Für einen kurzen Moment lang freute Johanna sich, dass Marie unter den Hufen der Burgunderpferde nicht schwer verletzt worden war.

Jacques Darc schüttelte den Kopf. „Ich habe ein Abkommen mit Neufchateau geschlossen. Sie werden euch willkommen heißen. Ihr dürft keine Zeit mehr verlieren. Los!" Er wandte sich an die Männer. „Und ihr holt eure Waffen. Oder wenigstens die Sensen und Dreschflegel. Besser sind Schwerter. Hat einer von euch eins?"

Die Männer schüttelten betreten den Kopf. So etwas Wertvolles wie ein Schwert konnte sich in Domremy nun wirklich keiner leisten. Marcel, dessen sorgloses Lächeln völlig verschwunden war, sah den Bürgermeister fragend an. „Und wohin ziehen wir uns zurück?"

Jacques Darc deutete auf den Wald. „Wir gehen zu der Schlossruine. Sie lässt sich leichter verteidigen als unser Domremy. Wir müssen in der Ruine abwarten, bis die Burgunder sich zurückziehen. Es sind einfach zu viele …" Er machte eine Handbewegung, die zeigte, wie machtlos er sich fühlte.

Johanna rannte zusammen mit Catherine zu ihrem Elternhaus. Hier fanden sie ihre Mutter bereits bei den letzten Vorbereitungen für den Abmarsch. Die wichtigsten Habseligkeiten der Familie waren in Pakete verschnürt, die sich auf dem Karren türmten. In einem Käfig gackerten aufgeregt die Hühner. Isabelle packte noch eine Kiste auf den Karren. „Kommt, wir müssen uns beeilen! Holt Mimi!"

Johanna rannte zu der kleinen Koppel, auf der Mimi friedlich graste. Die Stute war schon etwas älter, aber das zuverlässigste Pferd, das man sich nur vorstellen konnte. Jedes Jahr bekam Mimi ein Fohlen, das ebenso braun und brav wie sie selber war.

„Mimi!", rief Johanna. Und die Stute trottete tatsächlich eifrig zum Tor ihrer kleinen Koppel. Johanna strich Mimi über den großen, etwas groben Kopf. „Braves Mädchen. Komm, wir haben es eilig." Damit schwang sie sich auf den ausladenden Rücken von Mimi und bohrte ihre nackten Fersen in ihre Weichen. Mimi setzte sich brav in einen holprigen Trab, während Johanna ihr die Richtung mit dem Halfterstrick vorgab. Kaum war sie bei ihrem Elternhaus angekommen, schirrte sie Mimi vor dem Karren an. Die Stute stand so bewegungslos wie immer, bis die letzte Schnalle geschlossen war. Endlich war alles fertig. Isabelle warf noch einen prüfenden Blick auf den Wagen, dann nahm sie die Zügel in die Hand und schnalzte auffordernd. Mimi warf sich ins Geschirr, und der Karren setzte sich knarrend und rumpelnd in Bewegung.

Sie hatten schon fast das Dorf verlassen, als Johannas Blick auf den Schafpferch fiel. Er war immer noch verschlossen, so wie Catherine und sie ihn gestern Abend zurückgelassen hatten. Die Schafe sahen durch die Holzgatter dem Auszug der Frauen und Kinder aus Domremy zu.

Johanna lief zu ihrer Mutter. „Wir müssen die Schafe mitnehmen! Catherine und ich treiben sie hinterher. Wir brauchen dafür sicher ein wenig länger – wartet nicht auf uns!"

Ihre Mutter lächelte kurz. „Gut, die Schafe haben wir doch tatsächlich fast vergessen. Wir sehen uns dann in Neufchateau!" Damit drehte sie sich um und verschwand hinter den anderen flüchtenden Dorfbewohnern.

Catherine und Johanna pfiffen nach Rollo, öffneten den Schafpferch und machten sich endlich auch auf den Weg – aber die Gruppe von Domremy war jetzt schon außer Sichtweite.

3

Sie kamen nicht schnell genug voran. Johanna pfiff nach Rollo. Seine Zunge hing ihm weit aus dem Maul, aber die störrisch blökenden Schafe hielten immer wieder an, um ein paar verlockend aussehende Kräuter am Wegrand zu fressen. Die Lämmer, die anfangs noch fröhlich bockend um die Herde gehüpft waren, liefen inzwischen nur noch matt an der Seite ihrer Mütter. Für die kleinen Tiere war die weite Strecke zu anstrengend. Johanna hatte sich ein Lamm, das erst in der Nacht das Licht der Welt erblickt hatte, über die Schultern gelegt. Aus einem großen Busch hatte sie sich einen langen, biegsamen Stock geschnitten, mit dem sie immer wieder versuchte, die trödelnde Herde anzutreiben. Ohne Erfolg. Die Schafe hatten anderes im Kopf als die Flucht vor den Burgundern. Johanna fluchte leise vor sich hin und sah sich immer wieder ängstlich um. Sie waren noch immer nicht weit genug von Domremy entfernt, um in Sicherheit zu sein.

Catherine sah sie entsetzt an. „Du darfst nicht fluchen! Das bringt Unglück!"

Johanna konnte nicht anders, als verächtlich zu schnauben. „Klar, noch mehr Unglück. Als ob wir nicht genug davon hätten. Es könnte ja noch regnen. Die Burgunder könnten uns einholen …"

Catherine hob abwehrend ihre Hand. „Du versündigst dich,

Johanna! Bis jetzt ist noch keiner zu Schaden gekommen, nicht einmal die alte Marie hat sich verletzt, als sie unter den Hufen von diesem Schlachtross gelandet ist. Bis hierher hat uns der Erzengel gut beschützt, du darfst nicht schimpfen!"

„Bin ja schon still", murmelte Johanna. Sie war nicht wirklich überzeugt, aber es schien Catherine wichtig zu sein. Nervös blickte sie noch einmal über ihre Schulter. Immer noch war nichts von den Verfolgern zu sehen. Vielleicht hatte der Erzengel ja tatsächlich dafür gesorgt, dass den Soldaten das Dörfchen reichte und sie die Fliehenden ziehen ließen. Immerhin fing es jetzt schon an zu dämmern, bald würde es dunkel sein. Die Dunkelheit würde Catherine und sie beschützen.

Der Weg nach Neufchateau bog jetzt in einem weiten Bogen in einen dunklen Nadelwald ein. Hier wurde es sofort kühler. Es roch nach feuchten Nadeln und vermodertem Holz. Johanna kräuselte die Nase. Sie mochte keine Nadelwälder. Aber wenigstens wurden hier die Schafe schneller – ohne das lockende frische Grün am Wegrand ließen sie sich williger treiben.

„Glaubst du, dass wir heute noch nach Neufchateau kommen?", fragte Catherine. Ihre Stimme klang ängstlich.

Johanna zuckte mit den Schultern. „Keine Ahnung. Wahrscheinlich nicht. Ich denke, wir laufen weiter, solange wir noch was sehen können. Wenn es dunkel ist, werden die Burgunder nicht mehr kommen – die Pferde sind im Wald nicht so trittsicher." Leise und nur für sich fügte sie hinzu: „Hoffe ich."

In Wirklichkeit hatte sie keine Ahnung, wie gut oder schlecht Pferde in der Dunkelheit sahen. Aber Catherine schien die Behauptung getröstet zu haben. Sie lief jetzt entschlossen weiter, während das Tageslicht rasch schwächer wurde. Johanna begann sich Sorgen um die Lämmer zu machen, die seit einiger Zeit nicht einmal mehr blökten. Das Lamm auf ihrer Schulter zappelte schon seit über einer Stunde nicht mehr, sondern schlief tief und fest. Sie würden heute nicht mehr nach Neufchateau kommen – zumindest nicht mit den Schafen zusammen. Endlich entdeckte Johanna direkt neben dem Weg eine kleine Lichtung. Sie deutete erleichtert auf die Öffnung in dem dichten Wald.

„Sollen wir nicht einfach da übernachten? Ich sehe die Hand vor Augen nicht mehr. Und wir kriegen die Herde nicht mehr vorwärts."

Catherine nickte zustimmend. „Ich kann auch nicht mehr. Und mir ist kalt." Sie zog ihren dicken Wollschal schützend um sich.

Johanna drehte sich um. „Ich sammele uns ein wenig Holz für ein Feuer, dann können wir uns wärmen. Achte auf Rollo – er soll die Schafe zusammenhalten."

Catherine nickte. „Mache ich!"

Johanna verschwand zwischen den dicht stehenden Bäumen. In direkter Nähe der Lichtung lag kein Brennholz – zu oft machten hier Reisende Rast und klaubten Äste und Zweige auf. Johanna lief weiter, sprang über einen kleinen Bach und fand in einer Senke ein besonders dichtes Unterholz. Hier lag jede Menge altes Holz, das in den Stürmen der letzten Jahre zu Boden gefallen war. Johanna sammelte schnell einen großen Arm voll zusammen, als sie plötzlich zusammenfuhr. Da war etwas! Diesmal war es nicht die Stille, die sie alarmierte. Sie hörte Pferdehufe, die sich im flotten Trab näherten! Männer unterhielten sich mit lauten, betrunkenen, siegesgewissen Stimmen. Sie waren auf dem Weg, der direkt zu der Lichtung führte, auf der Catherine mit Rollo bei den Schafen saß.

Johanna ließ das Holz fallen, das klappernd auf den Boden fiel. „Catherine …", flüsterte sie. Dann rannte sie los. Aber im Unterholz kam sie nur langsam voran. Immer wieder blieb ihr wunderschöner Festtagsrock an einem Ast hängen. Sie riss sich los, achtete nicht auf das Geräusch von reißendem Stoff. Sie musste unbedingt vor den Soldaten auf der Lichtung sein. Sie hatte zwar keine Ahnung, was sie dann tun sollte – aber sie durfte ihre Schwester auf keinen Fall alleine lassen! Von ferne hörte sie das Gelächter der Soldaten. Und plötzlich ertönte ein Schrei. Johanna schien, als ob das Blut in ihren Adern gefror. Der Schrei kam von Catherine! Johanna rannte noch schneller. Endlich erreichte sie den Rand der Lichtung. Sie blieb wie angewurzelt stehen. Sie kam zu spät.

Schemenhaft erkannte sie Pferde und Männer. Es waren mindestens zwanzig. Einige waren von ihrem Pferd abgestiegen, andere saßen noch lachend im Sattel. Sie bildeten am Waldrand einen Halbkreis. In der Mitte sah Johanna einen großen Mann, der sich drohend auf ihre Schwester zubewegte. Im Gras lag Rollo, lang ausgestreckt und bewegungslos. Catherine stand erstarrt gegen einen Baum gelehnt. Weiter konnte sie nicht mehr zurückweichen.

Johannas Gedanken rasten. Was konnte sie tun? Sollte sie Hilfe holen? Aber Domremy und Neufchateau waren zu weit weg. Hier in diesem Wald gab es nur die Burgunder. Und Catherine und sie.

Johanna sah, wie Catherine ihr rundes, zitterndes Kinn entschlossen nach oben reckte. „Wagt es nicht, mich anzurühren!

Die Rache des Herrn wird schrecklich sein!", verkündete sie mit fester Stimme.

Der Mann musterte das Mädchen kurz und schlug ihr dann ohne Ankündigung ins Gesicht. Catherine brach lautlos zusammen. Johanna musste auf ihre Hand beißen, um nicht laut aufzuschreien. Tränen schossen ihr in die Augen, sodass sie nicht mehr genau erkennen konnte, was nun passierte. Sie sah nur, dass der Soldat Catherines schlaffen Körper wieder nach oben zerrte. Es schien ihn nicht zu stören, dass ein dünner Blutfaden aus ihrem Mund rann. Er drückte seine Lippen auf ihre und fasste an ihr Mieder.

Johanna schloss angeekelt die Augen. Zum Glück war Catherine nicht bei Bewusstsein. So musste sie den stinkenden Burgunder wenigstens nicht auch noch ansehen.

Der große Soldat schien mit dem Kuss noch nicht zufrieden zu sein. Er schob seine Hand unter Catherines Rock.

Johanna riss entsetzt die Augen auf, als die anderen Soldaten näher traten, johlten und lachten. Sie bildeten jetzt einen engen Kreis um Catherine, sodass Johanna nichts mehr sehen konnte. Sie hörte aber die anfeuernden Witze, den Applaus und immer wieder das Stöhnen eines Mannes.

Johanna wurde schlecht. Sie drehte sich um und würgte alles heraus, was sie an diesem Tag gegessen hatte. Warum nur hatte sie keine Waffe, mit der sie ihre Schwester verteidigen konnte? Oder ein Pferd, mit dem sie Hilfe holen konnte? Warum stand sie hier im Wald und war so hilflos wie ein neugeborenes Lamm? Eine Ewigkeit schien zu vergehen, bis die Burgunder sich unter Gelächter und derben Sprüchen wieder in ihre Sättel warfen.

Der Anführer ritt nur wenige Meter an Johanna vorbei, als er seinem Haufen zurief: „Die nächste Jungfrau, die wir finden, gehört euch! Versprochen! Die Lothringer haben viele schöne Mädchen! Irgendwo müssen die Weiber von Domremy ja sein!"

Damit verschwanden die Soldaten und ritten weiter Richtung Neufchateau. Johanna zögerte keine Sekunde. Sie rannte gebückt über die Lichtung – natürlich wollte sie nicht von einem Burgunder entdeckt werden, der zufällig zurückblickte.

Neben Catherine fiel sie auf die Knie. Ihre kleine Schwester hielt die Augen fest geschlossen, aus ihrem Mund sickerte immer noch Blut. Ihr moosgrüner Festtagsrock war nach oben geschoben, die Schürze mit Blut, Erde und Gras verschmiert. Johanna zerrte den Rock nach unten, so als könnte sie etwas ungeschehen machen, wenn man es nur zudeckte. Dann beugte sie sich zu Catherines Ohr. „Sie sind weg", flüsterte sie. „Bitte, wach auf. Du musst jetzt keine Angst mehr haben." Johanna fing an zu schluchzen, als Catherine sich nicht rührte. Sie legte ihr Ohr an die Brust ihrer Schwester. So angestrengt sie auch lauschte – sie konnte nichts hören. Da griff Johanna zu einer ihrer eigenen Haarsträhnen und hielt sie vor Catherines Nase. Aber sie bewegte sich nicht mehr. Als Johanna klar wurde, was das bedeutete, brach sie schluchzend neben Catherine zusammen. „Warum sie?", stammelte sie. „Warum die heilige Catherine und nicht ich? Ich fluche, ich schimpfe … ich hätte es verdient." Der Wald stand dunkel und stumm über ihr. Es gab keine Antwort. Nicht in dieser Nacht.

Als es dämmerte, stand Johanna auf. Erst jetzt bemerkte sie, dass auch Rollo nicht mehr atmete. Es war ihr egal. Sie hatte so viel getrauert, es war einfach kein Platz mehr für noch mehr Tränen. Sie zwang sich, die Schafherde zusammenzutreiben, und ging den Weg weiter nach Neufchateau. Catherine ließ sie notdürftig verborgen unter ein paar Zweigen zurück.

Später erinnerte sie sich an nichts mehr. Nicht daran, wie sie nach ein paar Stunden Neufchateau erreichte. Nicht, wie sie ihre schluchzende Mutter mit dem Karren und Mimi zurück zur Lichtung gebracht hatte.

Das Erste, woran sie sich wieder erinnern konnte, war das Amulett, das blinkend auf dem Boden lag. Direkt neben der so schrecklich blassen Catherine.

Johanna hob das Amulett auf und sah es an. Warum hatte der Erzengel ihre Schwester nicht besser beschützt? Sie hatte doch immerzu zu ihm gebetet. Johanna betrachtete sein Abbild in ihrer Hand genauer.

Und plötzlich hörte sie eine Stimme. Klar und deutlich. „Ich kann nur mit einem Schwert in deiner Hand zuschlagen. Ich kann die Feinde nur unter den Hufen deines Pferdes zermalmen. Nimm das Schwert! Dann kann ich dir helfen, dass es nie wieder einem anderen Mädchen so ergeht wie Catherine."

Johanna sah das Amulett bestürzt an. Hatte der Erzengel wirklich mit ihr geredet? Was hatte Catherine vor zwei Tagen gesagt: „Du wirst es lernen, ihn zu hören." Johanna schüttelte den Kopf. Blödsinn, Erzengel redeten nicht, erst recht nicht mit ihr.

In dieser Sekunde nickte ihr der Engel auf dem Amulett ernst zu. Johanna schloss schnell ihre Hand um den Schmuck. Sie wurde wahnsinnig. Das war es. Schnell steckte sie die Silberkette mit dem Anhänger in eine Tasche unter ihrer Schürze. Sie würde es morgen zu Catherine ins Grab legen. Dann wäre der Erzengel für immer bei ihrer Schwester. Hoffentlich würde er sie im Tod besser bewachen als im Leben.

4

In Kriegszeiten war eine Beerdigung keine große Sache. Das musste Johanna am nächsten Tag lernen. Der Pfarrer von Neufchateau sagte ein paar Worte über die Auferstehung und das ewige Leben – und schon wurde Catherines Leichnam in eine hastig ausgehobene Grube gelegt. Sie hatten sie in ein einfaches Leintuch gehüllt, die Einwohner von Neufchateau hatten keinen Sarg für Flüchtlinge übrig. Der Pfarrer schaufelte noch ein wenig Erde auf den Leichensack, sprach einen letzten Segen und verschwand wieder in seiner Kirche.

Zurück blieben die verwirrten und traurigen Frauen aus Domremy. Johannas Mutter rannen Tränen über die Wangen. Immer wieder murmelte sie: „Und Jacques weiß noch nicht einmal, dass sein Engel nicht mehr lebt. Wie soll ich es ihm nur beibringen?"

Johanna hatte keine Tränen mehr. Sie griff nach dem Amulett und stellte sich an das Grab, um es zu ihrer Schwester hinabgleiten zu lassen. Da spürte sie die Hand ihrer Mutter auf dem Arm.

„Was hast du vor, Johanna?", fragte Isabelle. Ihre Stimme klang nicht unfreundlich. Johanna schien es, als ob ihre Mutter an diesem Tag zum ersten Mal die Augen vom Grab gewendet hätte.

Langsam öffnete sie ihre geschlossene Faust. Auf der Handfläche lag das kleine Amulett. Isabelle betrachtete es lange. Dann seufzte sie.

„Mir wäre es lieber, du würdest es tragen, Johanna. Catherine ist jetzt sicher bei ihrem Erzengel, sie braucht kein geweihtes Amulett mehr. Aber vielleicht beschützt er dich besser als Catherine, wer weiß …"

Johanna wagte es kaum, einen Blick auf das Amulett zu werfen. Erst gestern hatte dieser Engel plötzlich zu ihr gesprochen. Oder hatte sie sich das nur eingebildet? Völlig übermüdet nach der Nacht auf der Lichtung, mit der toten Schwester im Arm?

Isabelle nahm ihr mit zitternden Händen die Kette aus der Hand, trat hinter Johanna und schloss das Amulett um ihren Hals.

Johanna erwartete fast, dass das Amulett sich brennend heiß anfühlte, aber es lag kühl und glatt auf ihrer Haut.

„Trage es bis an das Ende deiner Tage", flüsterte ihre Mutter. „Und pass gut auf dich auf, damit du es lange trägst. Und es einst deiner Tochter vermachen kannst."

Damit wandte sich Isabelle wieder dem Grab zu. Die Frauen von Domremy scharten sich um sie und versuchten sie zu trösten.

Johanna wollte allein sein. Sie drehte sich um und verschwand in der Kirche. Im wohltuenden Halbdunkel schob sie sich auf eine der letzten Bänke ganz hinten in der Kirche. Sie starrte die bunten Fenster an. Neufchateau war reicher als Domremy. Sie erkannte verschiedene Szenen aus dem Alten Testament. Da war Moses, dem die zehn Gebote verkündet wurden. Vom Erzengel Michael. Sie ließ ihren Blick schnell weiterwandern. Adam und Eva bei der Vertreibung aus dem Paradies. Und wer stand da am Tor, mit Flammenschwert und erhobenen Händen? Erzengel Michael. Johanna schloss die Augen. Sie wollte nicht mehr über den Erzengel nachdenken.

Verzweifelt suchte sie in ihrem leeren Hirn nach einem Gebet für ihre Schwester. Unbewusst griff sie dabei zu ihrem neuen Anhänger und spielte daran herum.

„Ich brauche deinen starken Arm! Mit deiner Hilfe kann ich dafür sorgen, dass in Frankreich kein Soldat mehr über ein Mädchen herfällt! Aber du musst mir helfen, die Engländer und Burgunder aus diesem Land zu vertreiben!"

Die Stimme klang eindringlich und leise. Die gleiche Stimme wie am Vortag auf der Lichtung. Johanna sah sich in heller Panik um. Wer redete da mit ihr? Gleichzeitig ließ sie das Amulett los. Es fiel in ihren Ausschnitt, so kühl und beruhigend wie zuvor. Aber die Stimme brachte sie nicht zum Schweigen. Wütend zischte sie:

„Ich bin ein Mädchen, das sich kaum auf dem Karrengaul ihrer Eltern halten kann. Ich habe noch nie ein Schwert in der Hand gehabt. Ich besitze nicht einmal Schuhe. Ich kann kaum lesen und nur meinen eigenen Namen schreiben. Wieso soll ich das einzige Wesen in Frankreich sein, das dir helfen kann?"

Die Stimme blieb ruhig. „Du bist es. Du erfüllst die alte Weissagung der Jungfrau aus Lothringen, die Frankreich retten wird. Der König wird auf dich hören, vertraue mir."

„Natürlich, der König hat auf eine Schafhirtin gewartet", knurrte Johanna. Zornbebend stand sie auf und rannte fast aus der Kirche. Vielleicht hatte sie ja außerhalb der heiligen Räume Ruhe vor der Stimme des Engels?

Tatsächlich hörte sie draußen nichts mehr. Nicht an diesem

Nachmittag und nicht in den nächsten Wochen. Das Amulett hing an ihrem Hals, kühl und silbern, und war so unbewegt wie es sein sollte. Hin und wieder fingerte Johanna allerdings verstohlen daran herum. Wenn sie dann nichts hörte, war sie beruhigt. Und enttäuscht.

Es wurde Hochsommer, bis über die staubigen Felder ein Bote aus Domremy kam und den Frauen die lang ersehnte Botschaft brachte, dass sie endlich in ihre eigenen Häuser zurückkehren konnten. Noch am gleichen Tag packten die Flüchtlinge ihre Habseligkeiten zusammen und verluden sie wieder auf die Karren.

Am nächsten Morgen schirrte Johanna Mimi noch vor dem Morgengrauen an. Die Frauen wollten auf keinen Fall auf dem Weg übernachten, deswegen brachen sie so früh wie möglich auf. Die Bewohner von Neufchateau verabschiedeten ihre Gäste freundlich, konnten aber nur schwer verbergen, dass sie sich freuten, künftig wieder unter sich zu sein. Die Schafherde wurde eher schlecht als recht von einem erst wenige Monate alten Hütehund umrundet. Ein Geschenk des Schafhirten von Neufchateau zum Abschied. Er versprach, dass der kleine Rüde sicher einmal in die Fußstapfen seines Vorgängers treten würde. Im Moment war er allerdings noch wie ein Kind: In der einen Sekunde konzentriert bei der Arbeit, in der nächsten schwanzwedelnd auf der Spur einer spannenden Fährte. Trotzdem empfanden ihn alle als ein Zeichen des Neuanfangs.

Es wurde ein langer Tag. Die Sonne stand am wolkenlosen Himmel und brannte erbarmungslos auf die Gruppe mit den Karren, Ziegen und Schafen herunter. Aber keiner ließ sich seine gute Laune von der Hitze vermiesen. Alle waren sich sicher: Sie würden heute Abend wieder unter ihrem eigenen Dach schlafen! Nur Johanna und Isabelle Darc liefen mit trüben Gedanken hinterher. Erst heute würden Jacques und seine Söhne erfahren, dass schon vor einigen Wochen die jüngste Tochter der Familie ums Leben gekommen war. Sie würde für immer in Neufchateau bleiben, weit weg von der Familie. Ihr Grab würde schon bald vergessen sein.

Sie erreichten Domremy erst am frühen Abend. Es dämmerte schon, als sie sich den vertrauten Umrissen des Ortes näherten. Einige fingen an zu singen, andere schnatterten aufgeregt durcheinander. Sie waren nur noch wenige Meter vom ersten Haus entfernt, als sie es plötzlich sahen: Das Haus hatte nur noch zwei Wände. Das Dach war fort, der Kamin zusammengebrochen. Eine Frau schrie auf, ihre Stimme hallte wie der Schrei eines verletzten Tieres durch den Ort. „Mein Haus!"

Die anderen starrten entsetzt auf die Ruine. Dann, ohne sich weiter um die jammernde Frau zu kümmern, fingen sie an zu rennen. Jede wollte sehen, ob auch sie das Unheil ereilt hatte. Ob sie verschont geblieben war oder heute Nacht ohne ein Dach über dem Kopf schlafen musste. Die meisten Häuser von Domremy waren aus Holz gebaut. Holz, das schnell brannte und den Hieben der Äxte und Schwerter der Burgunder wenig entgegenzusetzen hatte. Und so ertönte bald aus allen Winkeln und Gassen lautes Wehklagen. Die Burgunder hatten kaum ein Haus unversehrt gelassen.

Die Darcs besaßen eines der wenigen Steinhäuser. Davor stand Jacques mit seinen Söhnen und erwartete seine Frau. Als er nur Johanna auf dem Karren sitzen sah, schienen seine

42

Schultern nach unten zu sacken. Er sah Isabelle an. „Wo …?"

Seine Frau schüttelte den Kopf. „Die Burgunder." Dann fiel sie schluchzend in seine Arme.

Johanna stand still daneben. Wer sollte sie schon trösten? Ihr Vater starrte stumm vor sich hin, auch ihre Brüder sagten keinen Ton. Ihr Blick wanderte über die Häuser des Dorfes. Jetzt, aus der Nähe, erkannte sie, dass wirklich jedes Haus von den Burgundern verwüstet worden war. Als sie wenig später ihr Elternhaus betrat, wurde ihr klar, dass die Soldaten die letzten Wochen hier in Domremy gelebt haben mussten. Die Tür zur Vorratskammer stand sperrangelweit offen, der Raum war gähnend leer. Die meisten Stühle waren zerbrochen, die große Tischplatte von unzähligen Messern zerkratzt. Der Feuerplatz war seit Wochen nicht mehr geputzt worden, und der Kessel hatte einen großen Sprung.

Johanna seufzte schwer. Dieser sinnlose Krieg musste einfach ein Ende finden. Wie lange sollte er denn noch dauern? 100 Jahre? Eine Ewigkeit? Warum ließen England und seine dreckigen Verbündeten nicht einfach die Finger von Frankreich? Und warum nahm der Prinz nicht endlich die Krone, die ihm doch von Geburt an zustand?

„Weil du sie ihm geben musst!", erklang plötzlich eine vertraute Stimme direkt neben ihr. Johanna griff an das Amulett. War es wärmer als sonst? Sie atmete tief durch.

„Und wie soll ich das machen?", fragte sie leise.

„Geh nach Vaucouleurs. Dort findest du Verbündete, die dich zum König bringen." Die Stimme wurde drängender. „Nur du kannst das Elend verhindern, das heute nicht nur in Domremy, sondern in ganz Frankreich hundertfach geschieht.

Nur du kannst verhindern, dass Catherine immer wieder leiden muss. Nur du!"

In dieser Sekunde fasste Johanna einen Entschluss. Vielleicht war es Wahnsinn, aber sie würde genau das tun, was der Engel ihr sagte – damit aus Frankreich wieder ein Land wurde, in dem es sich zu leben lohnte. Sie würde die Mächtigen zwingen, irgendwie Frieden zu schließen. Johanna hatte keine Ahnung, wie sie das schaffen sollte – aber wie hatte die Stimme gesagt? „Geh nach Vaucouleurs!" Das war doch immerhin ein Anfang. Von da an würde sie einfach einen Schritt nach dem anderen machen. So lange, bis sie vor dem Prinzen stand. Und der endlich seine Krone nahm.

Sie warf noch einen Blick auf das Dorf, das nun von gnädiger Dunkelheit verschluckt wurde.

Aber zuerst musste eine Schlacht hier in Domremy geschlagen werden. Es würde ein Wettlauf gegen die Zeit werden: Die Häuser mussten wieder aufgebaut, die Vorratskammern gefüllt werden, bevor der Winter seine kalte Decke über Lothringen legte. Aber dann … Ja, dann würde sie nach Vaucouleurs gehen! Das schwor sie sich in diesem Moment. Sich und dem Erzengel!

5

Nun sei uns willkommen
Herre Christ,
Der du unser aller
Heiland bist
Willkommen auf Erden!

Johanna schloss andächtig die Augen, während sie den Weihnachtschoral sang. Endlich war dieses schreckliche Jahr vorüber. Seit ihrer Rückkehr aus Neufchateau hatte sie ohne Pause gearbeitet. Der Sommer war viel zu kurz gewesen. Aber gerade rechtzeitig vor dem ersten Herbststurm war es vollbracht: Alle Häuser von Domremy standen wieder, die Dächer waren frisch gedeckt, und in den Vorratskammern lagerten getrocknete Äpfel, Birnen, Nüsse, Pilze, Honig und Getreide. Wenn der Winter nicht zu streng ausfiel, sollten die Bewohner von Domremy es schaffen. Der Herbst war kurz und leuchtend über das Land gegangen – und jetzt im Winter bestand nur noch wenig Gefahr, dass Soldaten durch das Land zogen. Im Winter kam der Krieg regelmäßig zum Erliegen – auf den morastigen Wegen kam kaum jemand voran. Auch keine Soldaten.

Jetzt war endlich Weihnachten. Johanna entspannte sich, während der Pfarrer die vertrauten Zeilen vorlas. Domremy war erst einmal gerettet. Jetzt wurde es Zeit, dass sie sich um ihr

Versprechen gegenüber Erzengel Michael kümmerte. Der Plan war einfach: Sie wollte nach Vaucouleurs und dort den Stadtkommandanten überzeugen, dass er ihr eine Eskorte zum Prinzen an die Seite stellte. Johanna wusste nicht, wie sie den Kommandanten überhaupt ansprechen sollte. Oder gar den Prinzen. Aber sie verließ sich darauf, dass ihr in Vaucouleurs schon etwas einfallen würde. Oder der Erzengel ihr helfen würde. Nach den Feiertagen wollte sie aufbrechen, das war sicher.

Nach dem letzten Choral verließ die Gemeinde die Kirche, und die Familien liefen durch die einbrechende Dämmerung zu ihren Häusern, um gemeinsam die Geburt des Herrn zu feiern. Die Familie Darc ging schweigend bis zu ihrem Haus. Isabelle hatte zur Feier des Tages ein Schaf geschlachtet, das schon seit dem Morgen im Ofen mit Kräutern, Zwiebeln und Knoblauch vor sich hin schmorte.

Johanna lief das Wasser im Mund zusammen, als sie in das Haus trat und der Duft des Bratens in ihre Nase stieg. Gemeinsam mit ihren Brüdern setzte sie sich an den neuen, langen Holztisch. Er roch noch nach Harz, das Holz war hell und frisch behauen. Jacques Darc hatte ihn erst im Advent fertig gestellt. Wie immer sagte niemand ein Wort während des Festmahls. Johanna kaute schweigend auf dem köstlichen Fleisch und legte sich die Worte zurecht, mit denen sie ihren Vater von der Reise nach Vaucouleurs überzeugen wollte. Als er endlich sein Messer zur Seite legte und damit die stillschweigende Erlaubnis zum Sprechen erteilte, räusperte sie sich vorsichtig.

„Werde ich in den nächsten Wochen hier gebraucht?"

Ihr Vater sah sie überrascht an. „Nein, nicht so dringend wie in den letzten Monaten. Was hast du vor?"

Johanna zuckte verlegen mit den Schultern. „Ich könnte mir vorstellen, dass Onkel Bernard ein wenig Hilfe braucht. Seine Frau hat doch erst vor ein paar Tagen ihr Kind bekommen, die beiden haben keine Mägde – ich denke, es ist meine Christenpflicht, zu helfen."

Isabelle klatschte begeistert in die Hände. „Das ist eine wunderbare Idee, mein Schatz. Vor allem, da Onkel Bernard uns extra zwei seiner Hennen geschickt hat, als wir im Sommer kein einziges Huhn mehr im Stall hatten. Das war wirklich sehr großzügig! So können wir ihm ein wenig zurückgeben …"

Jacques sah seine einzige verbliebene Tochter misstrauisch an. „Du bist dir sicher, dass du das willst? Der Weg nach Vaucouleurs ist beschwerlich!"

Johanna machte eine abwehrende Handbewegung. „Das kann nicht halb so schlimm sein wie die Arbeit hier in Domremy in den letzten Monaten. Bitte, erlaub mir die Reise, Vater! Ich bin ja im Frühling wieder hier!"

Heimlich sprach sie wegen der kleinen Lüge ein Gebet. Wenn alles nach ihrem Plan verlief, dann würde sie beim Prinzen sein, wenn die Tage länger wurden.

„Wann möchtest du aufbrechen?", fragte ihr Vater schließlich.

„So bald wie möglich. Vielleicht noch vor dem Fest zum neuen Jahr", meinte Johanna eifrig.

„Es sei." Jacques Darc wandte sich wieder seinem ältesten Sohn zu, um mit ihm gemeinsam über weitere Arbeiten im Haus zu sprechen.

Johanna lehnte sich entspannt zurück. Sie merkte nicht, dass ihre Mutter sie aufmerksam musterte.

Schon wenige Tage später fand sich eine Gelegenheit für Johanna, nach Vaucouleurs zu gelangen. Einer der fahrenden Händler kam durch Domremy und bot Johanna an, sie mitzunehmen.

Johanna stimmte zu. Doch jetzt, wo der Abschied unausweichlich näher rückte, wurde ihr bang. Nach dem Abendessen schlich sie sich in den Stall zur alten Mimi. Die Stute zupfte ruhig an ihrem Heu. Johanna verbarg ihr Gesicht in der struppigen schwarzen Mähne der Stute. „Ich komme nie mehr zurück nach Domremy. Ich weiß es genau, ich kann es fühlen", murmelte sie. „Und ich kann mich nicht einmal richtig von meinen Brüdern und meinen Eltern verabschieden. Sie würden mich nicht gehen lassen, wenn sie wüssten, was ich vorhabe."

Die alte Stute hob ihren Kopf und wandte sich ihr zu. Johanna kraulte Mimi zwischen den Ohren. „Mache ich das Richtige? Vielleicht habe ich mir zu viel vorgenommen?" Aber die Stute wandte sich nur wieder ihrem Heu zu. Und auch das Amulett blieb an Johannas letztem Abend in Domremy still.

Sie ging in ihre Kammer unter dem Dach und packte ein Bündel zusammen. Viel besaß sie nicht. Zwei Kleider, drei Schürzen. Ein Kamm und ein paar Haarbänder. Keine Schuhe. Danach legte sie sich auf ihr schmales Lager. Der Mond schien in dieser Nacht hell durch das kleine Nachtfenster. Nach einem alten Aberglauben verrieten die Träume in den Nächten zwischen Weihnachten und Neujahr, was im kommenden Jahr passieren würde. Aber Johanna träumte nicht. Sie lag die ganze Nacht wach und hoffte mit klopfendem Herzen, dass ihre Entscheidung richtig war.

Im allerersten Morgenlicht stieg sie auf den Karren des Händlers. Nur ihre Mutter war mit nach draußen gekommen, um sich im feinen Schneeregen von ihr zu verabschieden. Der Rest der Familie hatte während dem Frühstück kaum das Kauen unterbrochen, um ihr zuzuwinken. Sie sollte ja noch im Februar wieder zu Hause sein.

Kaum jemand nahm Notiz von dem Karren mit der in Decken gehüllten Johanna, der schwankend das Dorf verließ. Erst als Domremy hinter ihr lag, erlaubte Johanna sich, ein paar Tränen zu vergießen. Sie vermisste ihr Heimatdorf schon jetzt. Aber als sie nach ihrem Amulett tastete, glaubte sie, eine Stimme zu hören. „Du bist auf dem richtigen Weg. Glaube mir!"

Am späten Nachmittag rumpelte der Karren durch die Stadttore von Vaucouleurs. Johanna konnte sich von dem Anblick der belebten Straßen und Gassen nicht losreißen. Hier waren überall Soldaten – kein Wunder, hier war ja auch die Garnison. Die Menschen waren gut gekleidet, immer wieder kamen kostbare Kutschen vorbei, in denen teuer gekleidete Damen und Herren saßen. Zum ersten Mal in ihrem Leben sah Johanna eine Haube mit zwei Hörnern, die viele Damen trugen. Und an den Hörnern hingen zum Teil noch Tücher! Johanna sah sich mit offenem Mund um. Und das sollte modisch sein? Die passten doch kaum durch eine Tür! Noch während sie die Damen anstarrte, kamen sie am Tor der Garnison vorbei. Plötzlich ertönte von hinten lautes Pferdegetrappel. Johanna drehte sich um und schlug die Hand vor den Mund, um nicht aufzuschreien. Der milchweiße Schimmel, der im Frühling an ihr und Catherine vorbeigaloppiert war, kam die Straße herauf. Sie erkannte ihn sofort. Auch der Reiter war der gleiche. Dieses Mal sah er ihr allerdings nicht ins Gesicht, sondern blickte nur hochmütig über die Menge hinweg. Sein stolzes Gesicht sagte jedem: Sprich mich nicht an! Ich habe Wichtiges zu tun! Die Wachen am Tor traten respektvoll zurück, als der Schimmel an ihnen vorbeitrabte. Johanna deutete hinter dem Mann her.

„Wer ist das?", flüsterte sie dem Händler ins Ohr. Sie hatte Angst, sich mit ihrem Nichtwissen lächerlich zu machen.

„Das? Das ist Jean de Metz. Einer der wichtigsten Männer des Königreiches. Er wird nicht lange hier in der Stadt bleiben. Er kehrt bestimmt schon bald zu unserem Prinzen zurück."

Johanna sah ihm bewundernd hinterher. „Sein Pferd ist wunderschön", hauchte sie.

„Ja." Der Händler nickte. Dann sah er sie belustigt an. „Aber allmählich wird es Zeit, dass du mir sagst, wo du absteigen möchtest. Du wirst nicht mit mir ins Wirtshaus fahren wollen, oder?"

Johanna wurde rot und schüttelte hastig den Kopf. „Nein. Lasst mich einfach hier. Ich finde den Weg schon!"

Sie verabschiedete sich und stand Augenblicke später mit ihren nackten Füßen im angefrorenen Matsch der Straße. Der kalte Dreck quoll durch ihre Zehen. Johanna verzog angewidert das Gesicht. Dann warf sie sich ihr Bündel über die Schulter und suchte die schmale Gasse, in der ihr Onkel mit seiner jungen Frau lebte. Doch schon nach wenigen Metern kam ihr ein Soldat entgegen. Er wankte leicht und stützte sich taumelnd an der Mauer ab.

„Sei gegrüßt, meine Schöne!", nuschelte er und lächelte sie breit mit seinen wenigen Zähnen an.

Johanna bekam eine Gänsehaut. Der Mann erinnerte sie sehr an die Burgunder. Sie drehte sich um und rannte los. Aber schon an der nächsten Ecke sah sie einen dicken, rotgesichtigen Mann, der gerade an einem knapp bekleideten Mädchen herumtatschte. Johanna hatte noch vor dem nächsten Glockenschlag genug vom Stadt- und Garnisonsleben. Ohne weiter nachzudenken, rannte sie in das enge Gassengewirr von Vaucouleurs hinein. Und diesmal hatte sie Glück: Nach wenigen Metern erreichte sie das Haus ihres Onkels. Sie klopfte an. Einen Augenblick später öffnete sich die schwere Holztüre, und sein gutmütiges Gesicht erschien im Türspalt. Er runzelte die Stirn. „Wer …?" Dann erkannte er Johanna, und die Tür flog weit auf.

„Johanna! Was machst du denn hier? Komm herein!"

Er zog Johanna in das Haus. Kurz darauf saß sie am Kaminfeuer und hielt einen heißen Kräutertrunk zwischen den Händen. Onkel Bernard sah sie auffordernd an.

„Und was treibt dich mitten im Winter nach Vaucouleurs?"

Johanna lächelte.

„Ich dachte, ihr braucht ein wenig Hilfe."

Bernard nickte. „Das stimmt. Anne ist nach der Geburt von unserem Kleinen noch sehr schwach." Er deutete nach oben. „Sie schläft um diese Zeit schon, sonst hätte sie dich natürlich empfangen. Du bist dir sicher, dass du uns helfen willst?"

Johanna nickte noch einmal. „Ja. Jetzt im Winter ist in Domremy nicht viel zu tun. Und mich erinnert dort immer alles an Catherine …"

Bernard sah sie verständnisvoll an. „Ja, ich habe davon gehört. Das muss schrecklich gewesen sein. Bleibe hier, solange du willst. Anne wird sich über deinen Besuch freuen."

Johanna lächelte dankbar, während sie überlegte, ob es wohl

51

eine Sünde war, dass sie die Gutmütigkeit ihres Onkels so aus-
nützte. Aber es gab keinen anderen Ort, um in Vaucouleurs zu
bleiben. Und nur über diese Stadt erreichte sie den Prinzen.

Onkel Bernard führte sie in eine Kammer unter dem Dach,
wo sie in den nächsten Tagen schlafen sollte. Dann verabschiedete er sich für die Nacht, und Johanna blieb alleine auf der
engen Pritsche zurück. Sie starrte in die kleine Kerzenflamme,
die am Fenster brannte. Das Abenteuer hatte begonnen. Jetzt
gab es keinen Weg zurück. Sie reckte ihr Kinn nach vorne – sie
würde es diesen Soldaten schon noch zeigen. Frankreich
brauchte Frieden, die Menschen wollten Ruhe und ein Leben
ohne Angst. Und Johanna würde dafür sorgen, dass all das
Wirklichkeit werden würde.

Am nächsten Morgen frühstückte sie gemeinsam mit Anne und
Bernard. Johanna war entsetzt, als sie nur einen Getreidebrei
mit ein paar getrockneten Äpfeln auf ihrem Teller fand. In
Domremy hatte kein Mangel geherrscht, die üppigen Felder er-
nährten die Einwohner des Dorfes. Selbst nach dem Überfall
im letzten Frühjahr hatten es die Einwohner geschafft, mit
halbwegs gefüllten Vorratskammern in den Winter zu gehen.

Vaucouleurs dagegen war eine der letzten Bastionen in einem
Land, in dem die Burgunder das Sagen hatten. Hier konnten
die Menschen von Honig, gestockter Milch oder Sahne nur
träumen.

Johanna brachte nicht einmal dieses karge Mahl herunter. Sie
war vor dem Besuch beim Stadtkommandanten von Vaucouleurs viel zu aufgeregt. Sie musste ihn einfach davon überzeugen, dass nur sie dem Prinzen helfen konnte!

Anne freute sich über die unerwartete Hilfe. Sie war noch blass und sah elend aus, aber allein die Gegenwart von Johanna schien ihr neues Leben einzuhauchen. Sie fing sofort an, Pläne zu schmieden. „Wir können auf den Markt gehen, Johanna. Bestimmt finden wir dort etwas, das uns aufmuntert. Ein neues Haarband vielleicht? Und ich habe Gerüchte gehört, dass eine Lieferung mit Stoffen für den Frühling gekommen ist. Das sollten wir uns wenigstens ansehen!"

Johanna nickte abwesend. Sie musste zur Festung des Kommandanten, nicht auf den Markt! Aber erst einmal sollte sie wohl ihre Tante in Sicherheit wiegen. Mit ein bisschen Glück hatte sie heute Nachmittag noch eine Chance, den Kommandanten zu sprechen. Wie er wohl hieß?

Anne ahnte nichts von Johannas Gedanken. Sie freute sich auf den kleinen Ausflug zum Markt, während ihr Baby schlief. Die junge Frau und das Mädchen legten sich dicke Umhänge um. Anne deutete erschrocken auf Johannas Füße.

„Keine Schuhe? Das mag bei euch in Domremy gehen, hier ist das unmöglich."

Sie drehte sich um und öffnete eine schwere Eichentruhe, die im Halbdunkel des Gangs stand. Ein paar Decken und verschlissene Röcke flogen heraus, dann hatte Anne ein altes Paar Schuhe in der Hand. Sie reichte es Johanna und lächelte verlegen.

„Sie sind alt, und die Sohle ist nicht mehr die beste. Aber damit kannst du wenigstens durch Vaucouleurs gehen, ohne zum Gespött der Leute zu werden. Ohne Schuhe sind hier nur die Bettler und Schweinehirten. Nicht meine Nichte."

Johanna schlüpfte in die Schuhe, die ihr etwas zu groß waren, dann öffnete Anne die Haustür und trat hinaus in eine verwinkelte Gasse. Wieder wunderte Johanna sich über die vielen Häuser, die dreckigen Straßen – und die vielen Menschen. Sie sah sich scheu um, während sie ihrer Tante durch die engen Straßen folgte. Nach vielen Windungen und Ecken erreichten sie den Marktplatz.

Hier drängten sich Stände mit flatternden Hühnern neben solchen mit Kohlköpfen und Zwiebeln. Es gab Stoffe und Bänder, und Johanna sah sogar einen einbeinigen Mann, der geschickt mit Bällen jonglierte. Über allem lag der Geruch von gebratenem Schweinefleisch, das an allen Ecken verkauft wurde.

Johanna sah sich mit großen Augen um. Direkt an den Markt grenzte eine Mauer. Sie deutete darauf und beugte sich zu Anne vor.

„Was ist das für eine Festung?"

Anne zuckte mit den Schultern.

„Da lebt der Herr Stadtkommandant und überlegt sich, wie er unser kleines Städtchen am besten verteidigen kann." Ihre Stimme wurde leiser. „Ich glaube aber, meistens feiert er mit viel Wein jeden einzelnen Tag, an dem Vaucouleurs nicht in die Hände der Burgunder fällt."

Johanna musterte den bewaffneten Eingang zur Festung. Das große, doppelflüglige Tor stand offen. Zwei Soldaten standen zu beiden Seiten, gähnten, kratzten sich den verlausten Schädel und musterten gelangweilt das Volk.

Johanna richtete sich auf. Frankreich hatte keinen Tag mehr zu verlieren. Sie murmelte Anne noch ein „Bin bald wieder da!" zu und lief in Richtung Tor.

Anne sah ihr mit offenem Mund nach.

Die beiden Soldaten musterten neugierig das Mädchen in dem einfachen roten Kleid und den ausgetretenen Schuhen, das auf sie zukam. Johanna wollte an ihnen vorbeigehen, als einer seine schmutzige Hand auf ihre Schulter legte.

„Was wünschst du?", knurrte der Soldat. „Hier kann nicht einfach jedes Mädchen so hineingehen!"

„Ich muss zum Kommandanten!", erklärte Johanna mit fester Stimme. „Ihm werde ich erklären, warum ich hier bin!"

Der Soldat lachte heiser. Johanna konnte den Blick nicht von seinem Bart wenden. Er wimmelte vor Läusen, die immer wieder auftauchten und verschwanden. „Meine Schöne – wenn ich es nicht will, wirst du niemandem erklären, warum du hier bist. Vor allem nicht dem Kommandanten! Der hat keine Zeit für dich, er muss Frankreich verteidigen. Und die Engländer von Vaucouleurs fernhalten."

Johanna sah ihn ernsthaft an. „Dabei werde ich ihm helfen."

Der Soldat brach in meckerndes Gelächter aus. Sein Kumpan stimmte mit ein. „Sie will …" das Gelächter wurde lauter, „helfen … dem Kommandanten … ein Mädchen."

Johanna sah sie an, ohne eine Miene zu verziehen. Irgendwann mussten die beiden ja aufhören zu lachen, dann wollte sie weiterreden. Sie musste lange warten. Der Soldat mit dem verlausten Bart merkte als Erster, dass Johanna immer noch vor ihm stand und ihn aus dunklen Augen musterte. Langsam wurde er ernst.

„Wie soll deine Hilfe denn deiner Meinung nach aussehen?" Er fing wieder an zu kichern. „Bei den Marketenderinnen ist noch eine Stelle frei."

Johanna musterte ihn kühl. „Wahrscheinlich kämpft auch ihr

häufiger im Bett bei den Marketenderinnen als auf dem Feld gegen die Engländer und die Burgunder. Sonst wären die Engländer kaum seit neunzig Jahren in unserem Land."

Der Soldat sah sie verblüfft an – und Johanna nutzte den kurzen Augenblick, um einfach an ihm vorbeizugehen. Mit hoch erhobenem Kopf lief sie an den Pferdeställen und den Küchen vorbei und erklomm die Stufen, die hoffentlich direkt zu den Räumen des Stadtkommandanten führten. Sie sah nicht nach rechts oder links und ging einfach weiter. Jetzt gab es kein Zurück mehr. Vor einer weiteren Tür standen zwar wieder Wachsoldaten – aber die beachteten Johanna kaum. Frauen tauchten in dieser Welt normalerweise nicht auf. Also wurden sie auch nicht gesehen.

So konnte Johanna einfach an ihnen vorbeigehen. Und fand sich unvermittelt im Besprechungsraum des Stadtkommandanten wieder. Der Kommandant stand über eine Landkarte gebeugt und besprach sich mit zwei anderen Männern. Einen erkannte Johanna sofort wieder. Es war der Edelmann, der den Schimmel ritt. Der Händler hatte ihr den Namen genannt: Jean de Metz. Aus der Nähe sah Johanna, dass er nur wenige Jahre älter als sie selber war. Doch sein hochmütiges Gesicht mit der langen schmalen Nase ließ ihn älter wirken. Lockige schwarze Haare fielen ihm bis über die Schultern. Er sah als Erster auf und erblickte Johanna. Seine leuchtend blauen Augen ruhten eine Weile auf ihr. So, als müsste er sich vergewissern, dass er keine Vision hatte. Vor ihm stand ein Mädchen mit langen dunkelbraunen Haaren, dichten Augenbrauen und schwarz leuchtenden Augen. Und sie senkte den Blick nicht, wie es sich für ein wohlerzogenes Mädchen geziemte, sondern sah ihm gerade ins Gesicht. Jean de Metz runzelte die Stirn. Was wollte dieses Mädchen, das da aus dem Nichts im wichtigsten Zimmer der Festung aufgetaucht war?

Erst jetzt bemerkte der Kommandant den Eindringling in seinem Reich. Er war allerdings weniger geduldig.

„Was willst du hier?", herrschte er Johanna an. Die zuckte nicht zurück. Sie hatte keine Sekunde damit gerechnet, dass der Kommandant sofort sehen würde, dass sie ihm helfen wollte. Also musterte sie ihn ruhig, bevor sie antwortete: „Mein Name ist Johanna. Ich bin gekommen, um Euch zu helfen. Ich kann diesen endlosen Krieg zu einem Sieg machen. Mit mir wird der Prinz zu der Krone kommen, die ihm rechtmäßig zusteht!"

Der Mund des Kommandanten blieb offen stehen. Johanna zählte insgeheim seine Zahnlücken.

Jean de Metz lehnte sich zurück, ein feines Lächeln umspielte seine dünnen Lippen. Keiner sagte etwas. Dann holte der Kommandant tief Luft.

„Und was verführt dich zu der Ansicht, dass Frankreich durch eine …", er musterte sie, „eine Schafhirtin gerettet werden kann? Was kannst du, was ich nicht kann?"

Johanna tastete kurz nach ihrem Amulett, bevor sie erwiderte: „Der Heilige Michael ist auf meiner Seite. Er wird mein Schwert führen." Sie reckte ihr Kinn entschlossen vor. „Ich bin im Auftrag des Herrn hier."

Der Kommandant zog höhnisch einen Mundwinkel nach oben. „Im Auftrag des Herrn? Wirklich? Und als Nächstes wirst du behaupten, dass du die Jungfrau aus Lothringen bist, die uns in den alten Weissagungen prophezeit wurde?"

„Ich bin aus Lothringen!", entgegnete Johanna. „Von einer

Prophezeiung weiß ich nichts. Ich weiß nur um meinen Auftrag, und der kommt vom Erzengel Michael."

Der Kommandant drehte sich um und sah wieder auf die Landkarte. Mit einer Hand wedelte er abwehrend in ihre Richtung, so als wolle er ein lästiges Insekt verscheuchen. „Das Mädchen soll gehen. Ich habe keine Zeit für Wahnvorstellungen. Ich muss dafür sorgen, dass diese Stadt nicht an unsere Feinde fällt."

„Mit mir werdet Ihr mehr als nur diese Stadt retten", rief Johanna. „Ihr werdet das Königreich retten. Ihr dürft die Hand Gottes nicht ablehnen, wenn sie sich Euch entgegenstreckt!"

Der Kommandant würdigte sie keines Blickes. Er zischte nur: „Verschwinde, Mädchen. Sei dankbar, dass ich dich nicht meinen Soldaten vorsetze. Verschwinde!"

Damit sah Johanna sich nur noch drei Männerrücken gegenüber. Für heute war das Gespräch wohl beendet. Sie blieb kurz unschlüssig stehen.

„Ich komme wieder!", sagte sie schließlich. „Und Ihr werdet lernen: Dieser Krieg wird durch mich und mein Schwert entschieden werden. Ob mit oder ohne Prophezeiung: Ich bin die Jungfrau aus Lothringen!"

Den letzten Satz hatte sie laut gerufen. Der Wachsoldat an der Tür sah sie mit einem merkwürdigen Blick an, als sie an ihm vorbei aus dem Raum rauschte. Während sie sich den Weg nach draußen bahnte, hörte sie noch seine Stimme. „Das soll die Jungfrau sein? Irgendwie habe ich mir die beeindruckender vorgestellt …"

6

Onkel Bernard sah sie ernst an. Sein sonst so freundliches Gesicht hatte er in sorgenvolle Falten gelegt.

„Was hast du dir nur dabei gedacht? Du machst dich zum Gespött von ganz Vaucouleurs – und uns gleich mit. Du kannst doch nicht einfach zum Kommandanten rennen und verkünden, dass du die lang erwartete Jungfrau bist!"

Johanna sah auf ihre Hände. Was sollte sie erwidern? Sie entschied sich für die Wahrheit. Sie sah ihrem Onkel direkt in die Augen. „Aber das bin ich. Ich werde das Schwert des Erzengels Michael sein, ich sorge dafür, dass niemand mehr so leiden muss wie Catherine. Es hilft doch nichts, wenn alle nur über den endlosen Krieg jammern. Wir müssen die Waffen in die Hand nehmen und kämpfen!"

Bernard schüttelte müde den Kopf. „Das mag sein. Aber du bist nicht diejenige, die kämpfen muss. Das machen Männer, Soldaten. Nicht ein Mädchen aus Domremy."

„Aber es gibt niemanden außer mir. Wo ist denn der Soldat, der unserem Land den Frieden bringt?" Johanna sah ihren Onkel entschlossen an. „Ich werde den Kommandanten überzeugen – und wenn ich auf seiner Schwelle übernachten muss."

Bernard seufzte. „Wenn du auf seiner Schwelle übernachtest, bist du deinen Ruf als Jungfrau schneller los, als du es dir vorstellen kannst …"

59

Johanna lächelte, stand auf und strich sich ihren Rock glatt. „Keine Sorge, ich achte auf meinen Ruf. Und jetzt gehe ich auf den Markt und erledige die Einkäufe. Unser Ausflug hat Anne gestern sehr angestrengt, sie sollte sich heute ausruhen."

Bernard nickte. „Tu das. Und halte dich wenigstens einen Tag lang von der Stadtfestung fern. Lass ein bisschen Gras über deinen ersten Auftritt beim Kommandanten wachsen."

Johanna nickte nur und machte sich auf den Weg. Wie sollte sie ihm erklären, dass keine Zeit mehr zu verlieren war? Je eher sie zum Prinzen kam, desto schneller konnte sie dafür sorgen, dass Frankreich ein besseres Land wurde.

Sie ging durch den eiskalten Wintertag zum Markt. Ein blassblauer Himmel spannte sich über die Stadt, vor ihrem Mund stand eine weiße Atemwolke. Fröstelnd zog sie ihren Umhang fester um die Schultern und ging zu einem Stand, an dem Sauerkraut aus großen Fässern angeboten wurde. Johanna stellte sich geduldig an, als ihr plötzlich zwei Frauen auffielen, die mit dem Finger auf sie deuteten und sie unverhohlen anstarrten. Johanna sah an sich herunter. Hatte ihr Rock etwa einen Fleck? Aber sie konnte nichts entdecken. Nur Augenblicke später hörte sie eine Frau hinter sich einer anderen zuwispern: „Das ist sie. Die Jungfrau aus Lothringen. Sie will zum König. Aber der Kommandant kann die Zeichen nicht deuten …"

Noch bevor Johanna etwas sagen konnte, tauchte neben ihr ein hagerer Mann auf, der über dem Arm einen kräftigen braunen Stoff trug.

Johanna sah ihn verwundert an.

Er räusperte sich.

„Ihr seid die Jungfrau?"

Johanna nickte. Bis gestern hatte sie von dieser Prophezeiung noch nie gehört – und jetzt schien ihr der Glaube an die Rettung Frankreichs durch ein Mädchen aus Lothringen die größte Hilfe zu sein.

Der Mann sah sie ehrfürchtig an und reichte ihr den Stoff. „Ihr werdet bessere Kleidung brauchen, wenn Ihr unser Land retten wollt. Schließt mich in Eure Gebete ein."

Damit verschwand er in der Menge. Johanna sah ihm hinterher. Zum ersten Mal wollte ihr jemand helfen. Jetzt legte ihr die Frau hinter ihr die Hand auf die Schulter. „Und vergesst auch mich nicht bei Euren Gebeten", wisperte sie in Johannas Ohr. Johanna drehte sich um. „Eure Gebete sind so gut wie meine", versuchte sie zu erklären. „Ich will kämpfen, nicht beten."

Die Frau lächelte weiter und tätschelte ihr den Arm. „Dein Kampf ist wie ein Gebet. Also kämpfe!"

Wo auch immer Johanna an diesem Tag auf dem Markt auftauchte, sprachen sie Menschen an. Einfache Bauern, Händler; jeder hatte von ihrem Auftritt in der Festung gehört. Vor allem von ihrem trotzigen Ausruf, als sie gegangen war. „Ich bin die Jungfrau!"

Die Bewohner von Vaucouleurs glaubten ihr.

Gegen Mittag machte sich Johanna wieder auf den Heimweg. Sie lächelte leise vor sich hin, als sie in eine Gasse neben der Kirche einbog.

Da tauchte aus einem der dunklen Erker eine große Gestalt auf. Eine feste Hand legte sich um Johannas Arm und zerrte sie in den kalten Schatten.

„Wer wagt es …", fing Johanna an zu schimpfen. Sie war eher

wütend als erschrocken. Was wollte dieser ungehobelte Kerl von ihr? Ein Finger legte sich auf ihren Mund.

„Pssssst! Seid still, wir wollen doch niemanden anlocken."

Unwillkürlich stellte Johanna fest, dass die Hand gut nach Seife und Wasser roch. Es war also kein einfacher Soldat. Sie kniff ihre Augen zusammen und legte den Kopf in den Nacken, um dem großen Mann ins Gesicht sehen zu können. Die schmale Nase, die langen Haare …

„Jean de Metz!", keuchte sie überrascht auf. „Ihr benehmt Euch nicht, wie es einem Herrn geziemt!"

„Du benimmst dich ja auch nicht wie eine Dame!", erwiderte die tiefe Stimme aus dem Dunkeln.

Johanna wollte schon protestieren, als der Adelige ihr noch einmal den Finger an die Lippen legte und sie enger zu sich in die Nische zog. Johanna hielt die Luft an, als sie sein raues Gewand und darunter den sehnigen, schlanken Körper spürte. Drei Kinder liefen lärmend vorbei und verschwanden um die Ecke. Jean de Metz atmete auf und ließ sie los.

„Ich möchte nicht, dass uns jemand sieht. Nicht, bevor ich weiß, wer du wirklich bist."

„Wer soll ich schon sein? Johanna Darc aus Domremy!", gab Johanna zurück.

„Eine Hochstaplerin, die behauptet, die Prophezeiung zu erfüllen? Oder die Jungfrau aus Lothringen, die Frankreich den Sieg bringen wird?" Seine Stimme klang ernst.

Johanna griff Hilfe suchend zu ihrem Amulett. Es fühlte sich warm und vertraut an. „Wie soll ich Euch überzeugen? Es wird kein Engel in funkelnder Rüstung auftauchen und auf mich deuten. Aber ich bin mir sicher, dass nur ich das Schwert so führen kann, dass Frankreich wieder stark wird. Ihr müsst mir vertrauen!" Johanna hob die Hände. „Sonst ist dieser Krieg verloren. Selbst jetzt, in diesem Moment, geht eine Schlacht verloren."

Sie spürte, wie Metz sie musterte. „Woher weißt du von einer Schlacht? Oder wie sie ausgeht?"

„Von der Schlacht redet jeder auf dem Marktplatz. Der Ausgang ist leicht zu erraten. Der Prinz kämpft auf dem falschen Schlachtfeld."

Die Stimme über ihr wurde spöttisch. „Und du weißt, wo das richtige Schlachtfeld wäre?"

Johanna nickte. „In Orléans. Dort sitzt der Feind, dort ist die entscheidende Pforte. Dort muss die Schlacht geschlagen werden."

„Mädchen, darüber haben viele nachgedacht. Die belagerte Stadt ist nicht zu befreien, glaub mir."

„Nicht, wenn ich dabei bin!", stieß Johanna hervor. Sie wusste selbst nicht, was sie so sicher machte.

Jean de Metz lachte sie nicht aus. Stattdessen fragte er weiter. „Und was willst du machen, wenn du dabei bist? Den erfahrenen Soldaten sagen, wie sie kämpfen sollen?"

Johanna warf wütend ihre langen Haare über die Schulter. „Die erfahrenen Soldaten können seit neunzig Jahren diesen Krieg nicht beenden. Wenn ich sie führen dürfte, würden sie gewinnen." Ihre Augen blitzten. „Was hat der Prinz schon zu verlieren? Er verliert jede Schlacht, wird immer weiter zurückgedrängt. Er muss seine Strategie ändern, sonst wird er irgendwann ins Mittelmeer springen müssen … Ich kann die Wende bringen, ich weiß es. Aber dafür muss ich mit dem Prinzen sprechen – und das gelingt nur, wenn mir der Kommandant eine Eskorte gibt."

Eine Weile sagte Jean de Metz nichts. Dann murmelte er leise: „Ich glaube dir, Johanna. Ich glaube dir wirklich."

Er zögerte. Dann flüsterte er: „Komme noch einmal in die Stadtfestung. Morgen früh. Ich werde dafür sorgen, dass du eine zweite Audienz erhältst. Überzeuge den Kommandanten, Johanna. Mit der Hilfe deines Erzengels wird es dir gelingen."

Damit verschwand er aus dem Schatten an der Kirchenmauer und ging mit langen Schritten über die Gasse Richtung Festung.

Johanna sah ihm einen Moment hinterher. Er war der erste Soldat, der glaubte, dass sie diesem Krieg eine Wendung zum Guten geben könnte. Sie musste morgen unbedingt noch einmal in die Festung. Sie strich über ihr Amulett und drückte es dankbar.

Am nächsten Morgen ging sie direkt nach der Frühmesse wieder zur Festung. Ihrem Onkel hatte Johanna nichts von ihren Plänen erzählt. Diesmal traten die wachhabenden Soldaten am Tor gleich zurück, als sie kam. Zum zweiten Mal betrat Johanna den großen Innenhof . Doch dieses Mal sah sie jeder an. Wo sie vor zwei Tagen vorbeigehuscht war, ohne dass irgendeiner sie eines Blickes gewürdigt hätte, richteten sich heute alle Augen auf sie. Der Schmied ließ den Hammer sinken und starrte sie ungeniert an, als sie an ihm vorbeiging. Die Waschfrauen richteten sich über den Zubern mit dem dampfenden Wasser auf, stützten ihre Hände in die schmerzenden Rücken und deuteten auf Johanna.

Aber all das war Johanna egal. Mit erhobenem Kopf ging sie

an den Gaffern vorbei. Heute war ihre letzte Chance, den Kommandanten zu überzeugen. Sie brauchte eine Eskorte, um zum Prinzen zu gelangen. Das war alles, was sie wollte.

An den Stufen empfing sie Jean de Metz. Er nickte ihr zu, ohne ein Wort zu sagen, und führte sie in den Raum, in dem sie vorgestern das erste Mal ihre Bitte vorgetragen hatte.

Der Stadtkommandant sah ihr unter seinen buschigen Augenbrauen misstrauisch entgegen.

„Du behauptest also immer noch, die Jungfrau zu sein?", bellte er, ohne sich mit einem Gruß aufzuhalten.

Johanna nickte entschlossen, auch wenn ihr Herz bis zum Hals schlug. Sie rätselte zwar immer noch, warum alle dieser alten Prophezeiung so viel Gewicht beimaßen – aber wenn es ihr half, dann war sie eben die Jungfrau.

„Bist du bereit, dich einem Test zu unterziehen?", fragte der Kommandant, keinen Ton freundlicher.

Johanna war überrascht. Ein Test? Aber noch bevor sie fragen konnte, winkte der Kommandant herrisch einen kleinen rundlichen Mönch zu sich. „Vater Basile wird deinen Glauben auf die Probe stellen. Es hat schon so manches Mädchen gedacht, es könnte sich als die Jungfrau ausgeben und ein Leben in Ruhm und Ehre führen. Das werde ich verhindern – mit Gottes Hilfe!"

Johanna blieb keine Zeit zum Grübeln, wie dieser Test wohl aussehen mochte. Der dicke Mönch zog ein kleines silbernes Kreuz aus einer der tiefen Falten seiner Kutte. Er reckte es nach oben und rief etwas auf Lateinisch. Zumindest glaubte Johanna, dass es Latein war, denn es klang so ähnlich wie die Liturgie in der Kirche von Domremy. Nachdem er einige Minuten seine

Gebete und Beschwörungen von sich gegeben hatte, wandte der Mönch sich ihr zu.

„Johanna, Kind Gottes! Knie nieder und küsse dieses Kreuz."

Johanna begriff nicht, was dieser Test sollte. Sie ließ sich auf die Knie nieder, der Mönch hielt ihr das Kreuz hin, sie küsste es. Es gab wahrlich schwierigere Aufgaben in dieser Welt.

Die Männer im Zimmer sahen sich allerdings zufrieden an.

„Sie ist dem wahren Gott verbunden!", verkündete der Mönch mit wichtiger Stimme.

„Ich gehe jeden Tag in die Messe und jeden Tag zur Beichte – warum sollte ich das Kreuz fürchten?", wagte Johanna einzuwerfen.

„Wenn du von bösen Mächten geleitet wärest, hätte das Kreuz dir die Lippen verbrannt!", erklärte der Mönch hoheitsvoll.

Johanna musste sich auf die Lippen beißen, um nicht zu lachen. So ein alberner Aberglaube! Ein Blick in die Gesichter der Männer belehrte sie allerdings, dass sie besser nichts sagte. Sie schienen alle der Meinung zu sein, dass sie einen wichtigen Test bestanden hatte.

Der Kommandant musterte das Mädchen, das immer noch vor ihm kniete. „Erhebe dich. Was …"

In dieser Sekunde rannte ein atemloser, schlammbedeckter Bote in das Zimmer und verneigte sich tief vor dem Kommandanten. „Schlechte Nachrichten, mein Herr!", keuchte er.

„Sprich! Was ist passiert?"

„Die Schlacht … sie ist verloren. Die Engländer haben eine weitere Stadt erobert! Orléans ist jetzt unsere letzte Bastion an der Loire. Wenn sie fällt, wird der Rest von Frankreich fallen!"

Die Männer sahen vollkommen niedergeschmettert aus – was Johanna mehr überraschte als die Nachricht von der verlorenen Schlacht. Sie hatten doch nicht im Ernst geglaubt, dass sie diesmal gewinnen würden? Die Soldaten waren müde, sie hatten seit Jahren keinen Sieg mehr feiern können, die Strategie war unverändert – warum sollte sich das Glück also drehen?

Jean de Metz neigte sich dem Kommandanten zu und wisperte etwas in dessen Ohr. Der sah Johanna daraufhin interessiert an. „Sire de Metz sagte mir, dass du diese Niederlage vorhergesehen hast?"

Johanna nickte. „Ihr braucht eine neue Art zu kämpfen, um zu siegen. Sonst werdet Ihr bald auch Orléans verlieren."

„Und ausgerechnet du willst uns die neue Art zu kämpfen lehren?"

„Ja. Mit meinem Schwert und der Hilfe der Heiligen werde ich Euch zum Sieg führen!" Johanna zögerte kurz, bevor sie hinzufügte: „Ich kann die Prophezeiung erfüllen."

Der Kommandant schien fast überzeugt. Mehr zu sich selbst murmelte er: „Wir haben schließlich nicht mehr viel zu verlieren ..."

Dann richtete er sich auf und verkündete mit fester Stimme: „Es sei! Ich gewähre dir eine Eskorte nach Chinon. In diesem Schloss hält sich der Prinz auf. Er soll entscheiden, was er mit einer Schafhirtin anfängt, die von sich behauptet, die von Gott gesandte Jungfrau zu sein. Aber erst mal musst du mit deiner Eskorte unbeschadet nach Chinon kommen. Der Weg dorthin führt durch Feindesland und ist sehr gefährlich!" Er musterte sie kurz, bevor er schneidend nachfragte: „Hast du wenigstens ein Pferd, das dich nach Chinon trägt?"

Johanna wurde flammend rot. Sie dachte an die treue Mimi, die in Domremy im Stall stand. Hätte sie die brave Stute doch mitnehmen sollen? Sie biss sich auf die Lippen.

„Ich …", fing sie an.

Da trat Jean de Metz vor. „Sie hat ein Pferd, das der wahren Jungfrau angemessen ist. Sie reitet den Hengst Uriel!"

Johanna sah ihn mit großen Augen an. Uriel? De Metz stellte ihr wirklich eines seiner Schlachtrösser zur Verfügung?

Er nickte ihr verstohlen zu, während der Kommandant sich erhob und ihr bereits die Hand zum Kuss reichte.

„Rette Frankreich, Johanna", mahnte er zum Abschied. „Gebe Gott, dass du wirklich die ersehnte Jungfrau bist. Und wenn nicht: Fahr zur Hölle." Damit entließ er das Mädchen.

Jean de Metz begleitete Johanna nach draußen. Im Hof konnte sie sich nicht mehr beherrschen.

„Ihr gebt mir ein Pferd? Wirklich?"

Jean de Metz sah sie belustigt an. „Du wirst eine Schlacht kaum zu Fuß schlagen können! Komm mit zu den Stallungen, ich zeige dir Uriel. Ich denke, er ist einer Kriegerin würdig."

Johanna war noch nie in den königlichen Stallungen gewesen. Sie folgte Jean de Metz in einen dunklen Gang. Zu beiden Seiten standen riesige Schlachtrösser, durch hohe Holzgitter voneinander getrennt und mit Ketten an die Wand gebunden. Leise hörte man die Ketten klirren, und ab und an stampfte ein Huf ungeduldig auf den Boden. De Metz ging an den gewaltigen Tieren achtlos vorbei, bis er den hinteren Teil des Stalles erreichte.

„Hier sind meine Pferde", erklärte er.

Johanna sah sich beeindruckt um. Sie erblickte sechs wunderschöne Tiere. Mimi war wirklich nur halb so groß wie diese Pferde hier. Jeder der Hengste hatte eine muskelbepackte Hinterhand, eine breite Brust und einen mächtigen Hals. Sechs Köpfe wandten sich ihr zu und sahen sie aus dunklen, großen Augen neugierig an. Im letzten Unterstand erkannte Johanna den makellos weißen Schimmel, auf dem sie Jean de Metz schon zweimal gesehen hatte. Welches der Tiere mochte wohl Uriel sein?

Jean de Metz zögerte keine Sekunde. Er ging in den Unterstand des Schimmels, löste ihn von der Kette und führte ihn auf die Stallgasse.

Johanna blieb fast die Luft weg, als der riesige Hengst vor ihr stand.

„Hab keine Angst!", hörte sie Jean de Metz sagen. „Er ist so sanft wie ein Lamm, solange er nicht in der Schlacht ist. Streichle ihn einfach."

Johanna hob zögernd ihre Hand und strich dem Hengst über die weiche, rosige Nase. Er blähte leicht die Nüstern und nahm ihre Witterung auf. Aufmerksam spitzte er seine kleinen Ohren und fing an, mit seinen weichen Lippen ihre Hand zu untersuchen.

De Metz lachte verlegen.

„Uriel ist ein wenig verwöhnt. Er weiß, dass er mein Liebling ist. Ich bringe ihm oft einen kleinen Brocken altes Brot oder ein Stück getrockneten Apfel mit. Er liebt das sehr."

Johanna sah de Metz verwundert an. „Aber … warum gebt Ihr mir Euren Liebling?"

Der Soldat sah sie ernst an. „Wenn du wirklich die bist, die Frankreich vor den Engländern rettet und eine Wende in diesem ewigen Krieg bringt, dann hast du das beste Pferd verdient, das ich habe. Und das ist Uriel."

„Er ist nach einem Erzengel benannt", flüsterte Johanna.

De Metz nickte. „Ja. Ich fand den Namen immer ein wenig übertrieben. Aber sein Züchter war eigensinnig und sagte, dass Uriel dieses Namens würdig sei."

„Der Name des Engels, der über das Heer der Engel regiert. Das Licht Gottes." Johanna wurde mutiger und strich dem Hengst die lange, seidige Stirnlocke aus dem Gesicht. Vertrauensvoll senkte Uriel den Kopf und blies sie aus seinen Nüstern warm an.

„Und jetzt ist er das Pferd der Jungfrau!", stellte de Metz fest. „Da stellt sich die Frage: Kannst du überhaupt reiten?"

Johanna schüttelte den Kopf.

Metz zog eine Grimasse. „Das habe ich befürchtet. Wir müssen den Weg nach Chinon für Reitstunden nutzen. Wenn du dort ankommst, wirst du besser im Sattel sitzen als so mancher Soldat, das verspreche ich dir."

„Wann geht es los?", fragte Johanna. Ihre Gedanken rasten. Dass nun alles so schnell ging, hatte sie nicht erwartet.

„In ein paar Tagen. Ich muss eine Eskorte zusammenstellen, damit wir wenigstens eine Chance haben, heil in Chinon anzukommen. Der Weg wird nicht leicht sein …"

„Können wir nicht jetzt schon mit dem Reitunterricht anfangen?", bat Johanna. „Wir haben so wenig Zeit, da ist jeder Tag kostbar!"

De Metz lächelte. „Jetzt?" Er dachte nach. Dann winkte er einen Knappen heran. „Sattele Uriel und bringe ihn nach draußen."

Johanna sah zu, wie der Bursche, der etwa in ihrem Alter war, mit flinken Händen den Hengst mit einem Tuch abrieb, ihm einen schweren Sattel mit hoher Lehne auf den Rücken hob und die blau-schwarzen Decken von Jean de Metz befestigte. Dann holte er eine schwere silberbeschlagene Kandare und schob sie dem Hengst ins Maul. Er zog das Zaumzeug über die kleinen Ohren, schloss einige Schnallen, und schon führte er Uriel aus dem Stall.

Johanna sah mit klopfendem Herzen zu. Konnte sie wirklich ein so großes Pferd reiten? Gemeinsam mit de Metz folgte sie Uriel aus dem Stall.

Der Knappe zog noch einmal den ledernen Sattelgurt enger und sah von de Metz zu Johanna. „Sie soll Uriel reiten?", fragte er mit ungläubiger Stimme.

„Sicher! Hilf ihr in den Sattel!"

Johanna näherte sich zögernd dem Hengst. Je näher sie kam, desto größer erschien er ihr. Bei Mimi hatte sie sich immer einfach auf den Rücken geschwungen und war losgeritten. Aber jetzt?

Der Knappe hielt ihr den Steigbügel hin. Johanna sah an sich herunter. In Domremy war es ihr egal gewesen, dass sich die weiten Röcke nach oben schoben, wenn sie mit Mimi über eine Wiese galoppierte. Aber jetzt war es wahrscheinlich unziemlich. Sie zögerte kurz, dann hob sie entschlossen ihr linkes Bein. Sie wollte in den Krieg, und da musste sie reiten – und das ging eben nur mit hochgeschobenen Röcken. Etwas unbeholfen zog sie sich in den Sattel. Uriel setzte sich sofort tänzelnd in Bewegung. Vor Johanna wölbte er seinen mächtigen Hals auf und schüttelte ihn unternehmungslustig.

Johanna griff in die Zügel und zog kräftig an – Uriel quittierte die grobe Behandlung mit einem unwilligen Kopfschütteln und fing an zu galoppieren.

Johanna ließ erschrocken die Zügel los und griff an die vordere Lehne des Sattels, um sich festzuhalten. Uriel schnaubte und wurde allmählich schneller. Er drehte eine Runde über den Hof der Festung, während Johanna sich krampfhaft am Sattel festkrallte. Mit weit aufgerissenen Augen sah sie, wie die Hühner gackernd zur Seite flatterten und eine Magd sich in letzter Sekunde hinter dem Brunnen in Sicherheit brachte. Viel zu spät hörte sie, was Jean de Metz schrie: „Nimm die Zügel wieder in die Hand! Richte dich auf! Tu doch was!"

Johanna griff hektisch nach den flatternden Zügeln. Sie zog daran, und zu ihrer Überraschung blieb Uriel sofort stehen und stieg senkrecht in die Luft.

„Nicht so grob!", rief Jean de Metz mit überschlagender Stimme.

Johanna ließ die Zügel wieder etwas lockerer, und tatsächlich kam der Hengst mit allen vieren zurück auf den Boden und stand endlich still.

Johanna war leichenblass, ebenso wie Jean de Metz, der sie lange musterte.

„Du musst noch viel lernen", meinte er schließlich mit einem schiefen Lächeln. „Und dafür suchen wir uns einen Ort, an dem nicht gar so viele Menschen deine Beine sehen. Steig ab."

Johanna wollte widersprechen. Sie hatte keine Zeit mehr zu verlieren, sie musste lernen, ein Schlachtross zu beherrschen. Aber dann bemerkte sie die Blicke der Soldaten, die ihre nackten Beine musterten. Ihr Rock war während Uriels wildem Galopp viel zu weit nach oben gerutscht und hatte ihre nackten Knie enthüllt. Sie senkte den Kopf. Für heute musste sie den Kampf wohl aufgeben. Vorsichtig kletterte sie von Uriels Rücken. Sie wollte den Hengst schließlich nicht noch einmal erschrecken.

Kleinlaut lächelte sie Jean de Metz an. „Unsere Stute hat so etwas nie gemacht!"

De Metz nahm die Zügel von Uriel. „Du wirst es schon noch lernen. Aber besser erst, wenn wir unterwegs sind. Hier wirst du mit so einer Vorstellung zum Gespött der Leute …"

Er schnalzte einmal auffordernd und verschwand mit dem Hengst im Stall. Uriel folgte ihm wie ein braves Hündchen.

Johanna ballte die Fäuste. Sie musste reiten lernen, koste es, was es wolle. Langsam drehte sie sich um und verließ die Stadtfestung. Sie versuchte dabei das Gelächter der Soldaten zu überhören. Aber das spöttische „Jungfrau, du sollst die Engländer über den Haufen reiten, nicht uns!" hallte den ganzen Heimweg in ihren Ohren. Was hatte sie sich da nur vorgenommen?

7

Wenig später öffnete sie die schwere Eingangstür zu Onkel Bernards Haus. Laute Stimmen schallten ihr aus der Küche entgegen. Die ruhige, tiefe Stimme von Bernard – und die herrisch-laute von Johannas Vater!

Johanna stöhnte. Was machte er hier? Der Tag war aufregend genug gewesen. Sie blieb im Halbdunkel des Flurs stehen und lauschte.

„Sie ist erst drei Tage hier und offensichtlich schon das Gespött der Stadt. Ich habe dir meine Tochter als Hilfe im Haushalt geschickt. Wie kommt sie darauf, dass sie Frankreich retten muss? Warum hast du nicht auf sie aufgepasst?"

„Woher sollte ich wissen, was sie vorhat? Sie geht auf den Markt und verschwindet dann in der Festung und behauptet, sie sei die Jungfrau von Lothringen! Wie soll ich das verhindern? Sie knebeln? Vielleicht hättest du sie einfach öfter verprügeln sollen. Oder mir eine Nachricht schicken, dass deine älteste Tochter nach dem Tod ihrer Schwester merkwürdig geworden ist …"

Johanna trat aus dem Flur in die gemütliche Küche. Ihr Vater sprang von seinem Hocker auf.

„Du kommst sofort mit nach Domremy!", brüllte er. „Du warst kaum einen Tag weg, da erreichte mich die Nachricht, die Prophezeiung sei wahr geworden – durch meine Tochter! Ich werde nicht zulassen, dass du den Namen der Familie Darc in den Schmutz ziehst."

Johanna griff unwillkürlich nach ihrem Amulett und sah ihrem Vater fest in die Augen.

„Ich werde mit einer Eskorte nach Chinon reiten und Prinz Charles zum Sieg über die Franzosen verhelfen. Mein Platz ist nicht mehr in Domremy." Sie zögerte kurz, bevor sie leise fortfuhr: „Ich wäre auch lieber weiter Schafhirtin in unserem Dorf. Aber mein Schicksal ist ein anderes."

Ihr Vater machte drohend einen Schritt auf sie zu. „Ich werde dich lehren, was dein Schicksal ist! Bevor meine Tochter mit den Soldaten reist, werde ich mir lieber selber das Leben nehmen! Es ist schlimm genug, was mit Catherine passiert ist. Und du gehst freiwillig unter die Soldaten!"

„Meine Eskorte wird mich auf dem Weg nach Chinon nicht anrühren", sagte Johanna schlicht. „Und es gibt nichts, was du tun kannst, um mich umzustimmen. Ich muss meine Aufgabe erfüllen. Ich werde nicht zulassen, dass in Frankreich noch einmal ein Mädchen das erleiden muss, was Catherine erleiden musste."

Ihr Vater sah sie an. Langsam ließ er seine Hand wieder sinken. Erschöpft murmelte er: „Ich habe im Wald von Neufchateau nicht nur eine Tochter verloren, sondern zwei."

Erst jetzt mischte sich Anne, die bisher schweigend am Herd gesessen hatte, in das Gespräch ein. „Und was ist, wenn es wahr ist? Wenn sie wirklich die Jungfrau ist, die Frankreich zum Sieg führt?"

Johannas Vater sah seine Tochter düster an. „Auch dann habe ich sie an den Krieg verloren. Genau wie Catherine."

Johanna hörte die Trauer in seiner Stimme. Und sie ahnte, dass er recht hatte. Sie würde nie mehr nach Domremy zurückkehren. Die grünen Wiesen ihrer Kindheit waren für immer verloren. „Ich werde für immer dankbar sein, dass ich Eure Tochter sein durfte. Aber jetzt habe ich eine neue Aufgabe."

Ihr Vater schüttelte den Kopf. „Ich kann nicht gutheißen, was du vorhast. Du wirst unter den Soldaten deine Ehre verlieren. Und Schlimmeres. Der Krieg ist nichts für Frauen. Wenn du jetzt mit den Soldaten ziehst, möchte ich dich nie wieder sehen."

Johanna stiegen die Tränen in die Augen. Aber sie konnte, sie durfte nicht einlenken.

„Es sei. Ich breche in den nächsten Tagen nach Chinon auf. Und ich verspreche, dass ich Euren Namen nicht in den Schmutz ziehen werde!"

Damit wandte sie sich um und verschwand über die Stiege in die kleine Kammer unter dem Dach. Sie wollte nicht, dass irgendjemand Zeuge wurde, wie sie in Tränen ausbrach. Lange lag sie auf ihrer Pritsche und starrte durch die kleine Dachluke den aufgehenden Mond an, während sie ihr Amulett umklammerte.

„Warum ich? Warum ausgerechnet ich?", schluchzte sie immer wieder, bis der Schlaf sie endlich übermannte. Als sie am nächsten Morgen erwachte, war ihr Vater schon fort, zurück auf dem Weg nach Domremy.

Die nächsten beiden Tage vergingen wie im Flug. Johanna war täglich in der Festung und sah zu, wie Jean de Metz die Eskorte nach Chinon zusammensuchte. Auf Uriel ließ er sie allerdings kein zweites Mal steigen. „Das Reiten lernst du auf dem Weg nach Chinon", sagte er jedes Mal, wenn sie ihn danach fragte.

Stattdessen besuchte Johanna den Hengst im Stall und machte sich mit seinem ruhigen, freundlichen Wesen vertraut. Schon am zweiten Tag begrüßte er sie mit einem leisen Wiehern und untersuchte ihre Schürze mit seiner weichen Nase nach einer kleinen Leckerei.

Johanna streichelte seinen Hals. Während immer mehr Menschen in ihr die Erfüllung einer alten Prophezeiung sahen, schien es dem Hengst völlig egal zu sein, wer sie war. Er benahm sich ihr gegenüber wie bei allen anderen: freundlich und ruhig. Jetzt musste es nur noch mit dem Reiten klappen – aber Johanna war fest entschlossen, das auf dem gefährlichen Weg nach Chinon zu lernen.

Dann kam der Tag der Abreise. Johanna verabschiedete sich von Onkel Bernard, entschuldigte sich noch einmal für das falsche Spiel, das sie mit ihm gespielt hatte, und wünschte Anne für die Zukunft alles Gute.

Dann stand sie alleine mit ihrem Bündel vor der Festung des Stadtkommandanten. Es war früher Morgen, die Sonne war noch nicht aufgegangen, aber in der Festung herrschte bereits geschäftiges Treiben. Johanna erkannte sofort ihre Eskorte. Sechs Männer mit finsteren Gesichtern, die in diesem Moment noch einmal ihre Ausrüstung überprüften. Von ihren Schwertern und Lanzen hing in den nächsten zwei Wochen ihr Überleben ab. De Metz hatte ihr versichert, dass es keine besseren Soldaten in ganz Vaucouleurs gab, und Johanna vertraute seinem Urteil völlig.

Jetzt sah sie, dass ein Stallbursche Uriel aus dem Stall führte.

Sein weißes Fell schimmerte in der Dämmerung. Johanna lächelte. Wenn sie diesen Hengst tatsächlich in eine Schlacht ritt, würde jeder sie sehen.

Uriel sah sich mit hoch erhobenem Kopf aufmerksam um. Als Johanna zu ihm trat, schnaubte er leise.

Neben Uriel stand ein flammend roter Hengst, den Jean de Metz für sich ausgewählt hatte. Beide Pferde trugen Überwürfe in den Farben von de Metz.

„Falls der König dich wirklich nach Orléans schickt, werden wir eine Farbe nur für dich wählen", hatte de Metz ihr versprochen.

Johanna sah sich suchend um. Wo steckte der junge Adelige nur? Sie wandte sich an den Stallknecht. „Wo steckt dein Herr?"

Der Junge deutete mit einem dreckigen Finger auf eine kleine Kapelle, die sich in die Wand der Festung schmiegte. „Unser Herr bittet um den Segen für die Reise!"

Johanna nickte. Ohne lang nachzudenken, ging sie ebenfalls zur Kapelle. Im Inneren war es fast dunkel, so früh am Morgen brannten noch keine Kerzen.

Vor dem Altar kniete Jean de Metz, seinen Kopf mit den langen Haaren hielt er gebeugt. Johanna kniete sich schräg hinter ihn. Mit einer Hand am Amulett fing sie an zu beten. Der Erzengel hatte ihr seinen Schutz für die Reise nach Chinon versprochen. Sie musste also keine Angst haben, aber trotzdem … Heute machte sie ihren ersten Schritt in Richtung Schlachtfeld. Oder war das bereits in Neufchateau gewesen?

Es kam ihr vor wie eine Ewigkeit, bis Jean de Metz sich endlich bekreuzigte und erhob. Erst jetzt schien er sie zu bemerken. Er legte ihr kurz die Hand auf den Rücken.

„Komm, wir wollen reiten. Jetzt im Winter sind die Tage nur kurz. Wir müssen das Licht nutzen."

Vor der Kapelle wartete bereits die komplette Eskorte auf Jean de Metz und Johanna. De Metz schwang sich geschickt auf seinen Fuchshengst.

Johanna trat zu ihrem Schimmel und holte tief Luft. Hoffentlich rannte er nicht sofort los, so wie vor zwei Tagen. Da bemerkte sie eine dünne Schnur, die von seinem Zaum zu de Metz führte. Er lächelte sie an. „Nur zur Sicherheit, bis du besser im Sattel sitzt. Ich verspreche dir: In Chinon wirst du das nicht mehr benötigen."

Johanna kletterte vorsichtig in den Sattel und nahm die Zügel in die Hand, ohne daran zu ziehen. Sie sah, wie Uriel fragend mit seinen Ohren spielte, und klopfte ihm leicht mit den Fersen in die Seiten, damit er losging. Gehorsam reihte er sich neben Jean de Metz' Fuchs ein. Nichts erinnerte an den wilden Ritt vor ein paar Tagen.

Johanna atmete langsam aus und entspannte sich. Sie hatten noch nicht einmal den Stadtrand von Vaucouleurs erreicht, als sie anfing, den Ritt auf dem prächtigen Schimmel zu genießen. Die Luft war kalt und kristallklar, Raureif lag auf den Feldern und den kahlen Sträuchern. Unter den stampfenden Hufen der Pferde zerbrach das Eis auf den kleinen Pfützen auf dem Weg. Ganz allmählich wagte Johanna, die vordere Lehne des Sattels loszulassen. Sie richtete sich auf und sah sich um.

Jean de Metz wandte sich ihr zu und kündigte an: „Wir traben jetzt, sonst ist es Sommer, bevor wir in Chinon ankommen. Halte dich besser fest!"

Er schnalzte auffordernd, und sein Fuchs fiel in einen flotten

Trab. Dabei schnaubte er fröhlich. De Metz tätschelte ihm den Hals. „Er ist dankbar, dass wir endlich die Festung verlassen. Da hat er einfach nicht genügend Bewegung." Er deutete auf Uriel. „Genauso wie der hier!"

Johanna konnte nicht antworten. Jeder Trabschritt versetzte ihr einen Stoß in den Rücken, sie hüpfte unkontrolliert im Sattel herum und krallte sich wieder an den Vorderzwiesel. Uriel schüttelte hin und wieder den Kopf und wollte schneller traben, aber das dünne Seil, das Jean de Metz in der Hand hielt, hinderte ihn daran.

Johanna war dankbar dafür und bemühte sich verzweifelt, das Gleichgewicht im Sattel zu finden. So hatte Mimi sich nie bewegt! Aus dem Augenwinkel sah sie, dass de Metz sie aufmerksam betrachtete. Schließlich sagte er halblaut:

„Richte dich auf! Tete in die Bügel und strecke deine Beine nach vorne – sonst kommst du nie ins Gleichgewicht. Versuche, mit dem Pferd mitzuschwingen und nicht dagegenzusitzen."

Johanna biss die Zähne zusammen. Das konnte doch nicht so schwer sein. Vorsichtig lehnte sie sich nach hinten. Die hohe Lehne des Sattels verpasste ihr sofort einen Schlag in den Rücken. Mit einem Schreckensruf lehnte sie sich wieder nach vorne. Wie konnte es nur sein, dass die Männer alle so entspannt im Sattel saßen? Sie unterhielten sich sogar!

Jean de Metz' Stimme klang schon weniger freundlich, als er noch einmal wiederholte: „Nach hinten lehnen, Beine nach vorne! Sonst brauchst du keine Engländer, um herunterzufallen. Das schafft Uriel ganz alleine!"

Johanna versuchte es noch einmal. Vorsichtig drückte sie ihre Knie durch und richtete sich auf. Bequemer wurde es nicht, aber de Metz nickte anerkennend. „Und jetzt mit der Bewegung mitgehen. Du darfst dich dabei nicht anstrengen. Reiten ist einfach. Wenn es anstrengend ist, machst du etwas falsch!"

„Anscheinend mache ich alles falsch!", knurrte Johanna. Uriels Trab warf sie immer noch im Sattel herum, und sie merkte schon jetzt, nach wenigen Minuten, wie eine Falte ihres Rocks ihr die Innenseite der Oberschenkel aufrieb.

Es erschien ihr wie eine Ewigkeit, bis Jean de Metz endlich an Uriels Strick zupfte und die Pferde zum Schritt durchparierte.

Uriel dampfte leicht in der kalten Winterluft. Ihm hatte der lange Trab Spaß gemacht. Johanna dagegen war schweißgebadet. Ihr feuchter Leinenrock rieb an ihren Oberschenkeln, und ihre Muskeln taten weh. In der kleinen Pause, die sie mittags machten, stieg sie steif vom Pferd. Sie strich ihren Rock glatt. Das war das unpraktischste Kleidungsstück der Welt! Nachdenklich sah sie die Männer an, die sich unter einen Baum setzten, Brot aßen und dazu einen Beutel mit verdünntem Bier herumgehen ließen. Sie alle trugen Beinlinge. Fester Stoff oder feines Leder, das eng am Bein anlag. Da konnte nicht so viel reiben wie bei diesem faltenreichen weiten Rock.

Jean de Metz kam mit einem Stück Brot zu ihr. „Du solltest etwas essen. Sonst fällst du mir vor lauter Hunger vom Pferd!"

Johanna nahm das Brot, biss ab und bemühte sich um ein fröhliches Gesicht. Niemand sollte merken, dass sie müde war. Oder Muskelkater hatte.

De Metz deutete zu den Männern. „Setz dich doch zu ihnen!"

Jetzt zog Johanna doch eine Grimasse. „Danke, ich bin froh, wenn ich für kurze Zeit nicht sitzen muss."

„Das wird bald besser", tröstete sie de Metz. „Uriel hat einen bequemen Trab, wirklich. Du wirst es noch merken."

Johanna nickte. Die Pause war viel zu kurz, wenig später fand sie sich schon wieder in einem stoßenden, hüpfenden Sattel. Zu allem Überfluss verließen sie am Nachmittag auch noch den befestigten Weg und ritten auf einem kleinen Pfad durch den Wald weiter.

„Hier haben die Burgunder das Sagen", meinte de Metz. „Denen wollen wir wirklich nicht in die Arme laufen. Die Geschichte von der Jungfrau macht bereits die Runde. Und die Engländer und Burgunder werden alles tun, um dafür zu sorgen, dass Johanna nie in Chinon eintrifft."

Johanna sah ihn erschrocken an. Die Leute redeten über sie? „Aber ich habe bis jetzt doch noch gar nichts gemacht!", brachte sie zwischen zwei Trabtritten heraus. Auf dem unebenen Boden war es noch unbequemer geworden. Über wunde Stellen wollte sie inzwischen gar nicht mehr nachdenken. Es waren einfach zu viele.

Jean de Metz sah weiter nach vorne, als er antwortete: „Du sagst, dass du die Prophezeiung erfüllst. Das reicht, um den Engländern Angst einzujagen."

In dieser Sekunde führte der Weg steil abwärts. Johanna krallte sich wieder an Mähne und Sattel fest, um nicht von Uriel hinunterzurutschen. Sie beschloss, weitere Diskussionen auf den Abend zu verlegen. Gleichzeitig reden und reiten war für sie unmöglich.

Es dämmerte schon, als Jean de Metz beschloss, an einem alten, windschiefen Gasthaus, das an einer kleinen Lichtung lag, Rast zu machen. Erleichtert wollte Johanna sich gerade aus dem

Sattel schwingen, als de Metz seinen Fuchs neben Uriel drängte. Mit einer geschickten Bewegung löste er den Strick, mit dem er sie den ganzen Tag geführt hatte.

„So – und jetzt lernst du reiten! Ich kann dich schließlich nicht am Strick in eine Schlacht führen. Du würdest zum Gespött des ganzen Heeres werden!"

Johanna schluckte. Alles, was sie jetzt noch wollte, war ein Bett. Stattdessen sollte sie reiten lernen?

Doch sie wagte nicht zu protestieren. Jean de Metz hatte recht: Ihr blieben nur 14 Tage.

Wenige Minuten später ritt sie auf der großen Lichtung kleine Kreise um Jean de Metz herum. Unerbittlich verbesserte er sie. „Aufrichten! Die Zügel sind nicht zum Festhalten da! Uriel hat ein weiches, empfindsames Maul, und du reißt mit einer scharfen Kandare darin herum. Dann darfst du dich nicht wundern, wenn er seine gute Laune verliert. Was soll er denn machen? Er hat keine Stimme, er kann dir nicht sagen, dass du ihm wehtust! Also: Nicht an den Zügeln ziehen! Du hast sie nur ganz leicht in der Hand. Er reagiert auf das kleinste Signal, glaub mir. Ich habe ihn schließlich selber ausgebildet!"

Johanna bemühte sich, so gut sie konnte, die Anweisungen umzusetzen. Ganz allmählich gelang es ihr, für ein paar Tritte zu spüren, wie sich das Pferd mit ihr bewegte – und nicht gegen sie. Als de Metz ihr befahl, zu galoppieren, legte sie ihre Schenkel ein wenig fester an Uriels Seite. Er schnaubte und fiel willig in einen weichen Galopp.

„Das ist wie auf einem Schaukelpferd!", rief Johanna verblüfft.

De Metz lachte. „Ja, das ist seine bequemste Gangart. Aber

kein Pferd hält es aus, stundenlang zu galoppieren. Trab ist die Gangart, in der sie viel Ausdauer haben, du musst dich also daran gewöhnen!"

Es war finstere Nacht, als er ihr endlich erlaubte, Uriel durchzuparieren. Die Sterne glitzerten am sternenklaren Himmel, als Johanna mit wackeligen Beinen abstieg und Uriel in den Stall führte. Der Knappe nahm ihr den Hengst ab.

Johanna sah ihm hinterher, als er in seinem Unterstand verschwand.

„Wird er nie müde?", fragte sie. Sie selbst wäre fast im Stehen eingeschlafen. Jeder Muskel in ihrem Körper schmerzte, ihre Haut an den Beinen war wund und aufgerieben.

De Metz, der gerade seinem Fuchs den Sattel abnahm, sah nur kurz auf. „Uriel? Müde? Ich habe es noch nie geschafft, dieses Pferd müdezureiten. Aber wer weiß, was er alles für die Jungfrau tun muss. Komm, du solltest etwas essen."

Todmüde löffelte Johanna die dicke Kohlsuppe in dem Gasthaus, bevor sie sich auf einen Strohsack im Schlafraum legte. Mit offenen Augen starrte sie in die Dunkelheit. Ihr ganzer Körper schmerzte. Wie sollte sie die nächsten Tage nur durchhalten? Sie griff nach ihrem Amulett und versuchte die Tränen zurückzuhalten, die in ihre Augen stiegen. „Es ist doppelt und dreifach hart mit diesen Frauenkleidern", flüsterte sie. „Das ist nicht gerecht. Warum müssen Frauen Kleider tragen?"

Zum ersten Mal seit einer Ewigkeit hörte sie wieder die Stimme. „Du kannst auch in Männerkleidern mein Schwert führen."

Sie rieb sich verwirrt über die Stirn. Hatte sie jetzt schon vor Erschöpfung Halluzinationen?

„Männerkleider? Frauen tragen keine Beinlinge. Das ist un-
züchtig! Alle würden meine Beine sehen. Sogar meine Oberschenkel!"

Die Stimme schwieg und meldete sich nicht wieder. Johanna
schloss die Augen und bemühte sich, nicht an ihre Schmerzen
zu denken, um endlich einzuschlafen. Bei dem Gedanken daran, wie sie in Männerkleider aussehen würde, musste sie lächeln.

Und so sah Jean de Metz, der sich wenig später ebenfalls nie-
derlegte, eine schlafende, lächelnde Johanna neben sich.

8

Am nächsten Morgen hingen dunkle Wolken über dem Land. Es schien, als weigere sich der Tag, zu beginnen, es wurde einfach nicht hell.

Johanna saß in der Wirtsstube und wärmte ihre kalten Finger an einer Tasse heißer Milch, die ihr die Wirtin gebracht hatte. Dazu kaute sie eine Scheibe trockenes Brot. Ihr tat alles weh, sie konnte sich kaum rühren. Außerdem war ihr kalt. Das kleine Feuer gab kaum Wärme ab, und die Tür stand halb offen. Johanna sah, dass ihre Eskorte bereits die gesattelten Pferde aus dem Stall führte. Als Letzter trat Jean de Metz heraus, der mit jeder Hand einen Zügel hielt. Sein Fuchs und Uriel schüttelten unternehmungslustig die Köpfe und sahen sich aufmerksam um.

Johanna seufzte. Uriel würde heute kein bisschen müder sein als gestern. Sie trank den letzten Schluck Milch und gab der Wirtin den Becher mit einem Lächeln zurück. Dann erhob sie sich mühsam und zog ihren wollenen Umhang fester um ihre Schultern.

Draußen wurde sie von den Männern, die jetzt alle schon im Sattel saßen, erwartet. Johanna wusste, dass sie sich keine Blöße geben durfte. Die Jungfrau zeigte keine Schwäche! Entschlossen schob sie ihren dünnen Lederschuh in den Steigbügel und zog sich auf Uriels Rücken. Als ihre geschundenen Schenkel den

Sattel berührten, konnte sie einen Schmerzenslaut nicht unterdrücken.

Jean de Metz sah sie mitfühlend an. „Du wirst dich daran gewöhnen!"

Johanna nickte. „Hoffentlich noch vor Chinon …"

Dann setzte sich die kleine Gruppe wieder in Bewegung. Uriel tänzelte unternehmungslustig, ihm war der Zustand seiner Reiterin offensichtlich ziemlich egal. Johanna klammerte sich mit ihren blau gefrorenen Händen in seine Mähne. Aber de Metz kannte keine Gnade. „Du fällst nach vorne, wenn du dich in der Mähne festhältst. So wirst du nie sicher sitzen lernen. Lehne dich zurück! Nur so bekommst du ein Gefühl für seine Bewegungen. Entspanne dich! Lass seine Schritte zu deinen eigenen werden!"

Johanna biss sich auf die Lippen. Sie hatte sich vorgenommen, nicht zu jammern, aber in diesem Augenblick fühlte sie sich hundeelend. Ihr war eiskalt, sie zitterte – und jetzt fielen auch noch große weiße Flocken aus den tief hängenden Wolken. Trotzdem lehnte sie sich gehorsam zurück, griff mit der einen Hand zu ihrem Amulett und mit der anderen an den Vorderzwiesel ihres Sattels. Denk an Catherine!, ermahnte sie sich selber. Sie hat viel mehr gelitten. Du wirst ja wohl mit ein bisschen Kälte und Muskelkater zurechtkommen. Johanna atmete ein paarmal tief aus und versuchte, sich ein wenig zu entspannen. Zu ihrer Überraschung hörte Uriel sofort auf zu tänzeln und fiel in einen gelassenen Schritt. Sie tätschelte ihm dankbar den Hals.

Es schien Johanna wieder eine Ewigkeit zu dauern, bis sie endlich eine kleine Pause machten. Jean de Metz wählte eine alte Buche, deren ausladende Äste und große Blätter Schutz vor dem Schneefall boten. Als Stärkung reichte er Johanna Brot und eine Handvoll getrocknete Birnen. Er musterte sie mit einer steilen Falte auf der Stirn. Wortlos erhob er sich und ging zu seiner Packtasche. Er zog einen dunkelblauen dicken Umhang heraus und reichte ihn Johanna.

„Niemand sollte für den Krieg erfrieren", erklärte er dabei.

Johanna nahm den Umhang dankbar an. Ihr eigener war längst durchnässt. Die schwere, nasse Wolle stank nach Schaf und kratzte auf der Haut, ohne viel Wärme abzugeben. Der Umhang von de Metz war doppelt so dick, trocken und hatte sogar eine weite Kapuze, die sie sich tief in die Stirn zog.

Das Wetter wurde auch am Nachmittag nicht besser. Johannas blau gefrorene Hände konnten kaum noch die Zügel halten, als sie endlich einen Gasthof erreichten. Sie wollte gerade aus dem Sattel gleiten, als Jean de Metz sie mit einer Handbewegung aufhielt. „Du musst noch deinen Reitunterricht nehmen!"

Johanna sah de Metz fassungslos an. Es war kalt, es schneite, der Boden bestand aus halb gefrorenem Matsch – und dieser Mann wollte ihr jetzt Reitunterricht geben?

Er schien ihre Gedanken lesen zu können. „Johanna, wir haben nur vierzehn Tage. Es ist Winter, es kann sein, dass das Wetter bis Chinon so bleibt wie heute. Aber dort wird man dich fragen, ob du in eine Schlacht reiten kannst." Er deutete auf den Führstrick, der auch heute in Uriels Zaum eingeschnallt war. „Damit machst du dich lächerlich. Du willst schließlich kein Maskottchen der Truppe sein, sondern ihnen zeigen, wie man wieder siegen kann."

Johanna sah ein, dass er recht hatte. Sie rieb ihre Hände kräftig aneinander, damit wenigstens etwas Gefühl und Wärme in sie zurückkehrte, und griff entschlossen nach den Zügeln. „Lasst uns ein wenig trainieren."

An diesem Abend ließ de Metz sie erst ein wenig traben und galoppieren. Es ging etwas besser als am Vortag, aber noch immer fühlte Johanna sich unsicher im Sattel.

Dann erklärte der Soldat: „In einem Kampf kann es lebensrettend sein, wenn man schnell wenden kann. So bin ich schon manches Mal einem Schwert oder einer Lanze in letzter Sekunde entkommen. Sieh mir zu!" Er nahm die Zügel seines Hengstes kurz, galoppierte an und ließ den Fuchs dann urplötzlich auf der Hinterhand herumwirbeln.

Johanna sah ihn verblüfft an. „Ich habe nicht gesehen, wie ihr das gemacht habt!", gab sie zu.

„Ich zeige es dir noch einmal. Achte auf mein Gewicht und den äußeren Zügel!"

Diesmal erkannte sie, dass Jean de Metz sich nach innen lehnte, während er den äußeren Zügel kürzer nahm. Das musste sie ausprobieren. Sie presste ihre Waden gegen Uriels Seiten, und er galoppierte gehorsam an. Entschlossen lehnte sie sich ein wenig zur Seite, zupfte am äußeren Zügel – und landete wenig damenhaft im Matsch. Ärgerlich sah sie nach oben in de Metz' lachendes Gesicht. „Was ...?"

Er deutete auf den Schimmel, der wenige Meter entfernt dastand und unter seinem dicken Schopf zu seiner Reiterin hinüberlugte.

„Ich hätte dich warnen sollen. Kein anderes Pferd beherrscht diese Wendung so perfekt wie Uriel. Er hat blitzschnell gewendet – und du bist einfach geradeaus weitergeflogen. Probier es noch einmal und halte dich diesmal besser fest."

Stöhnend richtete Johanna sich auf und kletterte wieder in den Sattel. Sie nahm die Zügel in die Hand, galoppierte an und wickelte sich schnell eine lange weiße Strähne seiner Mähne um die Hand. Erst dann gab sie den Befehl zur Wendung. Wieder wechselte Uriel im Bruchteil eines Wimpernschlages die Richtung. Johanna verlor erneut das Gleichgewicht und rutschte im Sattel bedrohlich zur Seite – aber sie zog sich an der Mähne wieder nach oben. De Metz nickte anerkennend, aber Johanna gönnte sich keine Pause. Kaum hatte sie ihr Gleichgewicht gefunden, gab sie wieder den Befehl zur Wendung. Diesmal klappte es schon besser, denn sie ahnte jetzt die Bewegung von Uriel voraus.

Wieder und wieder übte Johanna das Manöver, bis sie es endlich schaffte, aufrecht im Sattel zu sitzen und die Wendung geschmeidig auszuführen. Sie merkte gar nicht, wie die Zeit verflog, bis Jean de Metz sich ihr in den Weg stellte.

„Du solltest aufhören. Es ist dunkel, und ihr seid beide müde."

Erst jetzt sah Johanna an sich und Uriel herunter. Das weiße Fell des Schimmels war dunkel vor Schweiß, seine Beine bis oben mit Matsch beschmiert. Er atmete schwer und dampfte. Und sie selber? Der blaue Umhang war feucht, nasse Erde klebte an der Stelle, auf die sie gestürzt war. Als sie vor dem Gasthof abstieg, wurde ihr klar, dass ihre wunden Stellen an den Beinen noch schlimmer geworden waren. Der Rock klebte an den nässenden Stellen fest. Johanna schloss die Augen. Wie sollte das nur verheilen, wenn sie jeden Tag weiterritt?

Jean de Metz versuchte sie aufzuheitern. „Ich habe die Wirtin gebeten, ein heißes Bad für dich zu bereiten. So bist du morgen weniger steif." Er lächelte, und Johanna fiel zum ersten Mal auf, dass er dann tiefe Grübchen in der Wange bekam. „Du hast es dir heute wirklich verdient."

Johanna wollte schon widersprechen. Ihre Aufgabe war es, mit Soldaten in die Schlacht zu ziehen. Heiße Bäder standen da wohl kaum auf dem Programm. Aber die Vorfreude auf das dampfende Wasser ließ ihr den Protest auf den Lippen ersterben. Sie nickte nur, als de Metz sie in eine kleine Gaststube führte, in der bereits der Zuber stand.

De Metz verabschiedete sich, und Johanna riss sich, so schnell es ging, die nassen Kleider vom Leib. Beim Anblick ihres eigenen Körpers erschrak sie allerdings. Den linken Oberarm zierten blaue Flecken von dem Sturz, die Beine waren übersät mit blauen, roten und gelben Flecken und wunden Stellen an den Innenseiten der Schenkel.

Sie zog eine Grimasse, als sie sich in das Wasser gleiten ließ. Die aufgeschürfte Haut brannte heftig. Aber dann entspannte sie sich und schloss die Augen. Sie hörte nicht, wie sich die Tür öffnete. Als sich eine Hand auf ihre Schulter legte, schrak Johanna zusammen und riss die Augen auf. Vor ihr stand ein Mädchen, dass sie mit großen Augen anstarrte.

„Herrin, ich habe Euch Tücher gebracht."

Johanna sank zurück in das warme Wasser. „Ich bin keine Herrin", murmelte sie. „Aber vielen Dank für die Tücher." Ihr Blick fiel auf den nassen Kleiderhaufen in der Ecke. „Kannst du vielleicht meine Kleider bis morgen trocknen?"

Das Mädchen nickte eilfertig und sah sie immer noch unver-

wandt an. „Seid Ihr wirklich die Jungfrau, die uns retten wird?",
fragte sie mit piepsiger Stimme.

Johanna runzelte die Stirn. Sie fühlte sich im Moment wie
alles Mögliche, nur nicht wie die Retterin Frankreichs. „Das
weiß allein der Himmel … Aber mit trockenen Kleidern steigen
meine Chancen", scherzte sie.

Das Mädchen erwiderte nichts und sammelte schnell alles
vom Boden auf. Dann verschwand es wieder.

Johanna ließ sich im Wasser treiben und merkte, wie sich ihr
Körper entspannte und die harten, verknoteten Muskeln sich
allmählich lockerten. Sie stand erst wieder auf, als das Wasser
kalt wurde. Sie griff nach den sauberen Tüchern, trocknete sich
ab und setzte sich dann in Decken gehüllt vor das kleine Kaminfeuer. Sie war dankbar, dass sie heute Abend nicht den Gastraum – und später den Schlafraum – mit ihrer Eskorte teilen
musste.

Zum Glück kam die junge Magd noch einmal mit Wein,
Käse und Brot. Johanna aß genüsslich und fiel wenig später erschöpft auf die schmale Pritsche, die in der Ecke stand.

Sie erwachte am nächsten Morgen von lauten Männerstimmen
im Hof. Schlaftrunken erhob sie sich und lief in Decken gewickelt zum Fenster. Ihre Eskorte sattelte tatsächlich schon die
Pferde. Es war höchste Zeit, sich anzuziehen. Suchend sah sie
sich im Zimmer um. Die Magd hatte ihr offensichtlich noch
nicht ihre Kleider zurückgebracht. Johanna fluchte leise – und
bekreuzigte sich sofort, schließlich gehörte Fluchen sicher nicht
zum angemessenen Verhalten der Retterin Frankreichs. Trotzdem: Wie sollte sie das Zimmer ohne Kleider verlassen? Die

dicke Wolldecke, in die sie sich in der Nacht gewickelt hatte, war alles, was sie hatte.

In dieser Sekunde klopfte es an der Tür, und die Magd tauchte mit einem Stapel Kleider auf.

„Ich habe alles für Euch getrocknet, Herrin!", flüsterte sie.

Johanna nickte, aber das Mädchen sprach weiter. „Der Rock ist leider immer noch feucht, der Stoff war viel zu nass ..." Schuldbewusst verstummte sie.

Johanna dachte nach. Einen weiteren Tag, an dem ihre Beine von dem feuchten, rauen Stoff aufgerieben wurden, wollte sie nicht erleben. Ihr Blick fiel auf die Männer im Hof. Was, wenn sie unter ihrem Rock Beinlinge trug? Das war doch nicht unziemlich, oder?

Sie winkte die Magd zu sich. „Könntest du den Herren Jean de Metz bitten, zu mir in die Stube zu kommen?"

Das Mädchen nickte eifrig. „Mit Vergnügen. Ich bin gleich wieder da." Damit verschwand sie, während Johanna sich das getrocknete Hemd anzog und das Mieder schnürte. Als es klopfte, wickelte sie sich die Wolldecke um die Beine.

Jean de Metz musterte ihren Aufzug mit hochgezogenen Augenbrauen. „Kaum schicklich für eine Reise nach Chinon, was meint Ihr?"

Johanna schüttelte ungeduldig den Kopf. „Mag sein, aber wenn ich den nassen Rock noch einen Tag trage, werde ich Chinon erst gar nicht erreichen. Habt ihr Beinlinge?"

De Metz sah verwirrt an seinem langen Körper herunter. „Sicher ..."

Johanna lächelte. „Ich meinte nicht, ob Ihr Beinlinge tragt. Das sehe ich. Habt Ihr vielleicht ein Paar übrig? Für mich?"

De Metz sah sie ratlos an. „Für dich?", echote er. Zum ersten Mal schien er nicht zu wissen, was zu tun war.

Johanna nickte eifrig. „Mit Beinlingen könnte ich meine Beine besser schützen, außerdem sind sie wärmer."

„Aber es ziemt sich nicht!", platzte de Metz heraus.

„Ich kann ja den Rock darüber tragen", beruhigte Johanna ihn. „Also, was ist? Könnt Ihr ein Paar entbehren?"

Der erfahrene Soldat wurde bei dem Gedanken, dass eine Frau seine Beinlinge tragen wollte, sichtlich verlegen. „Ja, ich habe ein trockenes Paar. Aber es ist nicht ganz neu und auch nicht gewaschen …"

„Das ist mir egal", unterbrach Johanna ihn. „Holt sie mir!"

De Metz verschwand und tauchte Augenblicke später mit grau-braunen Beinlingen wieder auf. Als er abwartend stehen blieb, sagte Johanna empört: „Wollt ihr mir etwa zusehen, wie ich die Dinger anlege?"

De Metz stammelte eine Entschuldigung und verschwand.

Zum Glück wusste Johanna durch ihre Brüder, wie man Beinlinge anlegte. Sie nestelte die Bänder an ihrem Mieder fest und zog dann den feuchten Rock darüber. Zufrieden lächelnd verließ sie ihre Kammer, legte den dicken blauen Umhang um ihre Schultern und ging in den Hof.

De Metz sah ihr neugierig zu, während sie sich auf Uriels Rücken schwang. Statt der blau gefrorenen Knie kamen jetzt seine Beinlinge zum Vorschein. Johanna deutete darauf und lächelte de Metz an: „Ihr werdet sehen, mit Eurer Kleidung lerne ich doppelt so schnell reiten!"

Als sie Uriels Zügel aufnahm, entdeckte sie, dass de Metz heute keinen Führstrick mehr an seinem Zaumzeug befestigt hatte. Sie zögerte kurz. Entweder er hatte es vergessen, oder er glaubte, dass sie jetzt den Hengst alleine steuern konnte. So oder so: Sie wollte auf keinen Fall ängstlich nach dem Strick jammern. Als die Soldaten ihre Pferde in Bewegung setzten, legte auch sie ihre Beine fester an Uriels Seite und trabte an. Lag es an den Beinlingen, oder gewöhnte sie sich nur allmählich an den holpernden Trab? Auf jeden Fall fand sie ihn an diesem Morgen nicht mehr so schlimm wie an den letzten Tagen. Noch dazu hatte es aufgehört zu schneien. Die Wolken hingen zwar immer noch tief über dem Tal der Loire, aber es war wenigstens trocken.

9

Schweigend ritten sie durch ein verlassenes Land, das unter seiner weißen Decke wie unter einem Leichentuch lag. De Metz vermied es sorgfältig, durch ein Dorf oder auch nur eine kleine Siedlung zu reiten. Wenn irgendwo in der Ferne ein qualmender Kamin zeigte, dass sie sich einer menschlichen Behausung näherten, lenkte er seinen Fuchs sofort in den Wald, wo sie sich auf kleinen Wildwechseln und schmalen Pfaden vorwärtsbewegten. Johanna genoss den Tag trotzdem. Zum ersten Mal seit ihrer Abreise war ihr halbwegs warm, endlich scheuerte nichts mehr an ihren Beinen.

Als sie hintereinander durch eine enge Schlucht ritten, tastete sie nach ihrem Amulett. Was hatte es ihr vor ein paar Tagen gesagt? Sie sollte doch einfach Männerkleidung tragen? Nachdenklich beobachtete sie die Soldaten ihrer Eskorte. Ihre Kleidung schien so viel praktischer zu sein. Kein schnürendes Mieder, sondern ein dick wattiertes Wams und darüber der Waffenrock. Aber ziemte sich so ein Aufzug für die prophezeite Jungfrau? Oder machte sie sich damit lächerlich und unglaubwürdig?

In dieser Sekunde löste sich eine Ladung Schnee über ihr und landete direkt auf Uriels Kruppe. Der Hengst, der gerade eben noch gemütlich dahingetrottet war, machte einen mächtigen Satz nach vorne. Johanna kämpfte nur kurz mit dem Gleichgewicht, dann gelang es ihr, sich aufzurichten und die Zügel kürzer zu fassen. Uriel blieb stehen. De Metz hatte den kurzen Zwischenfall gesehen und nickte Johanna anerkennend zu.

An diesem Abend gab er ihr bei seinem Reitunterricht das erste Mal eine Lanze in die Hand.

„Du musst lernen, auch damit umzugehen. Klemm sie unter den Arm, lehne dich nach hinten gegen deinen Sattel. Es ist wie beim Reiten: Du musst dein Gleichgewicht finden. Eine gute Lanze ist ausbalanciert, es darf nicht anstrengend sein, sie zu halten."

Johanna nahm die schwere Waffe und schob sie unter die Achsel, so wie sie es schon Hunderte Male bei den Soldaten gesehen hatte. Merkwürdig. Die Waffe schmiegte sich an sie, als hätte sie bereits ihr ganzes Leben mit einer Lanze im Sattel gesessen. Vorsichtig schnalzte sie mit der Zunge, und Uriel setzte sich in einen gemütlichen Trab. Johanna fühlte sich immer noch sicher und trieb ihn jetzt zum Galopp an. Er fiel in seinen weichen, fließenden Dreitakt. Johanna ritt einige Runden und versuchte dann sogar die enge Wendung, die de Metz ihr am Vortag beigebracht hatte. Sie funktionierte auch mit dem langen Stock tadellos. Endlich parierte sie den Schimmel durch, stellte die Lanze auf und strahlte de Metz an. „Das macht Spaß!"

Er schüttelte erstaunt den Kopf. „Ich habe noch nie erlebt, dass jemand so schnell sein Gleichgewicht mit der Lanze findet. Lass uns noch einige einfache Übungen machen."

Er band einen mit Stroh gefüllten Sack an einen hohen Ast. „Versuche, den Strohsack mit deiner Lanze zu treffen."

Wieder schob Johanna sich die Lanze unter den Arm. Darauf schien Uriel nur gewartet zu haben. Er schnaubte begeistert und galoppierte an, ohne auf ein Signal von Johanna zu warten. Aber inzwischen hatte sie gelernt, seine Eigenwilligkeiten zu schätzen. Er machte eigentlich nie etwas gegen sie, sondern nahm immer nur ihre Befehle vorweg.

Sie galoppierte auf den Strohsack zu und hob die Lanze an. Das heißt: Sie wollte die Lanze anheben, aber es ging nicht. Ein Blick nach unten zeigte ihr, was passiert war. Ihr weiter Rock hatte sich um die Lanze gewickelt und verhinderte jetzt jede Bewegung. Wütend parierte sie Uriel durch und warf die Lanze auf den Boden.

„So geht das nicht!", rief sie und rutschte aus dem Sattel. Mit fliegenden Händen knöpfte sie den Rock auf, den sie immer noch über den Beinlingen trug. „Ich kann keine Kriegerin sein und gleichzeitig mit diesem Weiberkram reiten. Röcke wurden doch nur erfunden, damit die Frauen nicht wegrennen …" Damit warf sie den Rock über einen niedrigen Ast und schwang sich wieder in Uriels Sattel. Auffordernd streckte sie die Hand nach der Lanze aus.

De Metz konnte seine Fassungslosigkeit nur schwer verbergen. „Was machst du da?"

Johanna zuckte die Schulter. „Es geht nicht anders." Sie deutete noch einmal auf die Lanze. „Und jetzt gebt mir das Ding."

De Metz widersprach nicht mehr und reichte Johanna die Waffe. Sie schob sie unter den Arm, während Uriel schon wieder in Galopp fiel. Johanna fixierte den Strohsack und stieß die Lanze so fest sie konnte hinein. Erst als sie genau ihr Ziel traf, wurde ihr klar, dass Uriel in dieser Übung unglaublich geschickt war. Auch der Hengst schien den Strohsack anzusteuern und wich keinen Millimeter von seiner geraden Linie ab.

Lachend wandte sie sich zu de Metz um. „Mit Uriel ist es ganz einfach!" Sie streichelte den Hals des Hengstes und ritt langsam zurück zu ihrem Lehrmeister.

De Metz konnte ein Schmunzeln nicht verbergen. „Ich glaube, für heute reicht es. Du scheinst ein Talent für die Lanze zu haben." Er nahm Johannas Rock von dem Ast und reichte ihn ihr. „Du solltest ihn wieder anziehen, bevor wir in das Gasthaus gehen. So wirst du nur Aufsehen erregen."

Johanna schüttelte entschlossen den Kopf. „Ich werde so oder so kaum unbemerkt bleiben. Nein, die Männerkleidung ist praktischer für den Kampf – und ich werde in den Kampf ziehen." Sie zögerte kurz, bevor sie weiterredete. „Ich werde keine Frauenkleider mehr tragen, bis Frankreich befreit ist. Das schwöre ich hiermit."

Sie lenkte Uriel zurück zu der Herberge, in der sie diese Nacht bleiben wollten. Vor dem Stall saß sie ab. In den letzten Tagen hatte sie immer de Metz die Zügel in die Hand gedrückt und war sofort verschwunden. Aber jetzt erschien ihr das falsch. Der Schimmel sah sie so freundlich an, dass Johanna das Gefühl hatte, ihm etwas Gutes tun zu müssen. Sie schüttelte den Kopf, als de Metz nach den Zügeln greifen wollte. „Ich kümmere mich selbst um ihn. Er hat es sich verdient!"

„Schön." De Metz nickte. „Ich zeige dir, was zu tun ist."

Zum ersten Mal öffnete Johanna selbst den Sattelgurt, nahm die blau-schwarzen Decken ab und löste die Schnallen der Kandare. Uriel stand reglos vor seinem Unterstand. De Metz brachte Johanna ein weiches Wolltuch. „Reibe ihn damit gründlich ab, vor allem in der Sattellage. So verhinderst du, dass er wunde Stellen oder einen Satteldruck bekommt."

Dann deutete er auf einen Eimer. „Als Nächstes solltest du ihm mit der Bürste die Beine abwaschen. Bei dem Schlamm kannst du sonst nicht kontrollieren, ob er sich heute irgendwo aufgeschlagen hat."

Gewissenhaft rieb Johanna über Uriels schneeweißes Fell. Er schien die Behandlung zu genießen. Sein Kopf wurde schwer, und er drückte seinen dicken Hals gegen das Tuch. Dann wusch Johanna gewissenhaft seine Beine ab und kontrollierte unter de Metz' Anleitung die Hufe.

Endlich nickte der Soldat ihr zu. „Jetzt kannst du ihn in seinen Unterstand bringen."

Johanna streichelte über Uriels weiche rosa Nase. Der Hengst rieb sich sanft an ihrer Hand, bevor er mit seinen weichen Lippen ihr Gewand nach einer Leckerei untersuchte.

„Wie lange habt Ihr Uriel schon?", fragte Johanna.

De Metz überlegte. „Ich war vor ein paar Jahren im Süden Frankreichs. Dort haben Mönche Pferde aus Spanien ins Land gebracht und züchten mit ihnen. Es sind die besten Schlachtrösser in ganz Frankreich. Die Mönche behaupten sogar, dass ihre Zucht direkt auf den berühmten Babieca zurückgeht, den Hengst des El Cid."

„Das Pferd, das seinen toten Herrn in den Sieg getragen hat", flüsterte Johanna. „Ist das die Wahrheit?"

De Metz hob die Hände. „Das weiß ich nicht. Es ist Jahrhunderte her, dass Babieca lebte. Aber je länger ich Uriel reite, desto mehr glaube ich die Geschichte. Auch Uriel würde alleine in eine Schlacht gehen. Du wirst sehen: Er passt auf seinen Reiter auf." Er sah seinen Schimmel nachdenklich an, bevor er ihn mit einem Klaps in den Unterstand schickte.

„Deswegen glaube ich auch, dass Pferde enger an ihre Reiter gebunden sind, wenn man sich selber um sie kümmert. Sonst sind die Knappen ihre besten Freunde, und davon habe ich nichts. Die anderen Soldaten mögen das für einen merkwürdigen Tick von mir halten, aber ich bin immer gut damit gefahren, glaube mir."

Johanna lief mit dem Soldaten in die Futterkammer, in der die Hafersäcke lagerten. De Metz füllte zwei Eimer und drückte ihr einen davon in die Hand. „Füttere Uriel und kümmere dich um ihn – und du hast ein Pferd, wie es in ganz Frankreich kein zweites gibt." Damit drehte er sich um und verschwand im Unterstand seines Fuchses, der ihn leise brummelnd begrüßte.

Johanna lief zu Uriel zurück. Der Hengst sah ihr neugierig entgegen. Als sie ihm das Fressen in die Krippe schüttete, machte er sich gierig darüber her. Johanna streichelte noch einmal über seinen Hals und ging dann in die Herberge. Sie hatte heute noch viel vor.

Wenig später stand sie in ihrer Kammer und betrachtete den Haufen Kleider, den de Metz ihr gebracht hatte. Er hatte seine Lektion am Morgen gelernt und sich sofort zurückgezogen.

Johanna schnürte ihr Mieder auf und warf es auf das Bett. Es folgten die Schürze und der Rock. Nur mit einem Hemd und den Beinlingen bekleidet, griff sie nach dem wattierten Wams. An der rechten Schulter war es doppelt gepolstert. „Kein Wunder, dass den Männern die Lanze nicht so schmerzt", murmelte sie leise. Sie befestigte die Beinlinge an dem Wams und zog das leichte Waffenhemd darüber. Kritisch sah sie an sich herunter.

Ihre Beine erschienen ihr merkwürdig entblößt ohne den schützenden Rock. Versuchsweise machte sie ein paar Schritte durch das kleine Zimmer. Sie konnte sich viel freier bewegen als sonst mit den schweren, weiten Röcken. Das Waffenhemd bedeckte gerade das obere Drittel der Oberschenkel – so wie bei den Männern üblich.

Mit gerunzelter Stirn sah sie im Spiegel auf ihre langen dunklen Zöpfe. Sie wirkten über dem Waffenhemd völlig unpassend. Auf dem Waschtisch lag ein schmales, scharfes Messer. Johanna nahm es in die Hand und betrachtete die glänzende Klinge. Mit Männerkleidung und kurzen Haaren würde sie bestimmt gut kämpfen können. Aber machte sie sich damit nicht endgültig zum Gespött Frankreichs? Als kleine Möchtegern-Soldatin? Sie zuckte mit den Achseln. „Das bin ich ohnehin schon."

Entschlossen griff sie ihren ersten Zopf, den sie direkt über den Ohren abschnitt. Ohne eine Sekunde zu zögern, kappte sie auch den zweiten Zopf. Dann fuhr sie sich mit beiden Händen durch die kurzen Haare, die plötzlich federleicht wirkten und in alle Richtungen abstanden. In der Hoffnung, dass sie ihre Haare bändigen konnte, strich sie immer wieder mit den Händen darüber. Vergeblich. Die Haare schienen sich zu freuen, endlich dem Regiment der geflochtenen Zöpfe, Knoten und Kränze entkommen zu sein. Jetzt standen sie wie ein dunkler Strohwisch um ihr Gesicht.

Johanna zog eine Grimasse. Vielleicht sollte sie ihr neues Aussehen gleich in der Gaststube testen. Sie öffnete die Tür, ging über den dunklen, muffigen Gang und schob den schweren Vorhang zum Gastraum zur Seite. Vor ihr öffnete sich ein schummeriger Raum, mühsam von einem Kaminfeuer erhellt und erfüllt von dem lautstarken Gerede der Männer, die sich gegenseitig ihre Heldentaten des Tages erzählten. Als Erste sahen zwei Männer ihrer Eskorte zum Eingang hin und verstummten. Dann wurden auch die anderen aufmerksam. Die Gespräche erstarben, einige deuteten mit dem Finger auf Johanna.

De Metz sah sie mit einem Ausdruck an, den Johanna nicht deuten konnte. Dabei konnte ihr neuer Aufzug kaum eine Überraschung für ihn sein – immerhin hatte er ihr die Kleidungsstücke gerade erst gebracht.

Herausfordernd sah sie in die Runde und reckte ihr Kinn nach vorne. Sie ahnte nicht, dass ihre Wirkung damit noch stärker wurde. Bis jetzt war sie für die Männer nur ein Mädchen gewesen, das beschützt werden musste. Mit ihren langen Zöpfen und den weiten Röcken hatte sie ausgesehen wie alle anderen jungen Frauen. Sie war die Schafhirtin, über die sich alle mehr oder weniger heimlich lustig machten. Aber jetzt, mit den kurzen Haaren und den Männerkleidern, sah Johanna wie ein Wesen aus einer unbekannten Welt aus. Nicht wie ein Knappe – dafür war das Gesicht mit den kurzen Haaren zu weich –, aber auch nicht wie eine Magd. Sie sah aus wie eine völlig neue Kreatur.

Leise murmelte einer der Männer: „Das ist die Jungfrau!"

Der Ausspruch setzte sich fort, wurde lauter, und schließlich klopften die Männer mit ihren hölzernen Trinkbechern auf die Tische und riefen im Takt: „Die Jungfrau von Lothringen! Die Jungfrau aus Domremy!"

Johanna stand immer noch im Türstock und sah verlegen

dem Trubel zu, den ihr Erscheinen ausgelöst hatte. Da stand de Metz auf und führte sie am Arm zu seinem Tisch. Aus dem Mundwinkel murmelte er ihr zu: „Ihr seht wahrhaftig aus wie die Retterin von Frankreich!"

Johanna sah ihn ungläubig an. „Seit wann behandelt Ihr mich nicht mehr wie ein kleines Mädchen?" Der Soldat war bis zu diesem Zeitpunkt oft herablassend zu ihr gewesen und hatte sie sicher nicht als gleichwertig betrachtet.

Jetzt lächelte er nur leise. „Ihr seht nicht mehr aus wie ein kleines Mädchen." Damit schenkte er ihr verdünnten Wein in einen Becher und reichte ihr einen dampfenden Eintopf, in dem fettige Hammelstücke schwammen.

Johanna machte sich mit Heißhunger über das Mahl her. Um sie herum beruhigten die Männer sich allmählich. Ihnen wurde klar, dass sie doch keine göttliche Vision hatten. Bei ihnen saß nur Johanna, mit Männerkleidung und kurzen Haaren.

Am nächsten Morgen erhob Johanna sich schon etwas früher von ihrem Strohsack und ging direkt in den Stall. Mit einem weichen Tuch rieb sie Uriel ab, der wieder frisch und ausgeruht aussah. Als de Metz wenig später zu seinem Fuchs ging, bemerkte er sie in dem Unterstand und lächelte ihr zu. „Ihr seid meinem Ratschlag gefolgt. Gut."

Er zeigte ihr geduldig, wie man ein Pferd für eine lange Reise sattelte und wo welche Schnalle sitzen musste.

Später, als sie über eine Landstraße entlang des großen Flusses trabten, stellte Johanna zufrieden fest, dass sie zum ersten Mal nicht dauernd angestrengt auf Uriels Hals sah, sondern sich endlich umsehen konnte. So bemerkte sie auch als eine der

Ersten den Qualm, als sie um eine Flussbiegung kamen. Schon aus der Entfernung wurde klar, dass hier etwas nicht stimmte. Direkt neben dem Weg standen lückenhafte Mauerreste. An manchen Stellen war das Feuer noch nicht erloschen. Es stank nach Rauch – und nach Schlimmerem.

Johanna zügelte Uriel, der ebenfalls seine Nüstern weit blähte. Beruhigend tätschelte sie ihm den Hals. Sie wandte sich de Metz zu. „Was ist hier passiert?"

Der junge Soldat sah ernst aus. „Das waren die Engländer. Es kann noch nicht lange her sein, dass sie hier waren. Gestern Nachmittag oder letzte Nacht." Er sah sich um. „Wir würden einen halben Tag verlieren, wenn wir jetzt versuchen, das Dorf noch zu umgehen. Ich glaube nicht, dass die Engländer noch da sind. Sie sind sicher sofort weitergeritten, nachdem sie das Dorf geplündert haben."

Im Schritt näherten sie sich dem zerstörten Dorf. Uriel schnaubte immer wieder aufgeregt. Das Geräusch zerriss die Stille, die über den Häusern lag. Johanna konnte nicht einmal ein gackerndes Huhn oder eine meckernde Ziege hören. Um sie herum war es unheimlich ruhig. Der Rauch wurde dichter, je näher sie dem Dorfkern kamen. Hinter der ersten Mauer, die noch einsam am Dorfrand stand, sah sie drei Kinder, die sich aneinanderklammerten. Johanna wollte schon absitzen, um ihnen zu helfen, aber de Metz' Hand hielt sie zurück. „Nicht!"

Sie funkelte ihn an. „Aber wir müssen doch …"

De Metz schüttelte den Kopf. „Ihr könnt diesen Kindern nicht mehr helfen. Seht doch genau hin."

In dieser Sekunde wehte eine Windböe vom Fluss herauf, und der Rauchschleier hob sich. Klar und überdeutlich konnte

Johanna erkennen, dass die Kinder blutige Köpfe hatten. Sie starrten mit gebrochenen Augen geradeaus. Johanna hoffte inständig, dass sie jetzt eine bessere Welt erblickten, als die, die sie gerade verlassen hatten. Ein bitterer Geschmack stieg in ihren Mund, als sie weiterritt.

Neben dem Dorfbrunnen lag ein Mädchen, etwa in ihrem Alter. Es hatte die Hand noch um den Wassereimer geschlungen, die Haare waren vom Nebel nass und strähnig. Auch sie rührte sich nicht mehr. Johanna schloss kurz die Augen, doch sie musste weiter. Selbst die derben Soldaten ihrer Eskorte machten jetzt keine Scherze mehr. Ihre Gesichter zeigten das Grauen, das sie selber spürte. Merkwürdigerweise trauerte sie fast am meisten um den Hund, den sie erst sahen, als sie das Dorf schon fast wieder verlassen hatten. Er saß reglos unter der alten Dorflinde. Er kläffte die Fremden nicht an und rührte sich nicht, sondern sah sie nur reglos aus glänzenden Augen an. Neben ihm lag ein junger Mann. Sein langer Stock und der dunkelgrüne Umhang zeigten, dass er der Schäfer des Dorfes war. Sein Hütehund hatte jetzt nur noch eine Aufgabe: Er bewachte den Leichnam seines Herrn.

Johanna schluckte mühsam ihre Tränen herunter. „Ich wusste nicht, wie schrecklich der Krieg ist", sagte sie leise zu de Metz.

Der Soldat schüttelte den Kopf. „Das hier hat nicht viel mit Krieg zu tun. Krieg, das bedeutet Soldaten, die um eine Sache kämpfen. Die für ihren König oder ihr Land ihr Leben opfern." Er machte eine vage Bewegung in Richtung Dorf. „Das hier ist das Werk von Barbaren. Das passiert, wenn ein Krieg zu lange dauert und die Soldaten hungrig werden. Und keinen Respekt mehr vor dem Leben haben. Habt ihr gesehen? Es war kein einziges Tier mehr im Dorf. Sie haben die Hühner, Schafe, Kühe und Ziegen einfach mitgenommen. Und dazu das Leben der Dorfbewohner. Einfach so, weil es ihnen Spaß macht. Das Kriegshandwerk darf aber nie eines werden, bei dem man sich an das Töten gewöhnt." Er sah Johanna an. „Ich bete zu Gott, dass Ihr Euch nie so verändern werdet!"

10

J e näher sie Chinon kamen, desto sicherer wurde Johanna im Sattel. Der allabendliche Unterricht bei de Metz war allerdings weiter gnadenlos. Doch seitdem sie sich selbst um Uriel kümmerte, schien es ihr, als ob der Schimmel sie immer mehr respektierte. Auch bei schwierigen Manövern blieb er gehorsam. Eigenmächtigkeiten wie bei ihrem ersten Reitversuch kamen überhaupt nicht mehr vor. Mit der Lanze fühlte sich Johanna inzwischen sicher, und auch das Schwert erschien ihr nicht mehr gar so schwer und unhandlich wie noch bei ihren ersten Versuchen.

Ganz allmählich schien sich die Reise der prophezeiten Jungfrau unter den Leuten herumzusprechen. Auf einer Fähre wurde Johanna das erste Mal von zwei Reisenden angesprochen, die ihre Gebete für eine gesunde Weiterreise erbaten. Da hatte Johanna noch mit einem unwirschen „Könnt ihr denn nicht selber beten?" reagiert.

Aber die Bitten wurden häufiger. Verstohlen drängten sich Kaufleute und Soldaten in ihre Nähe, begafften ihre Kleidung und ihr Pferd – und schenkten ihr dann ihr Vertrauen. Erzählten von den schrecklichen Dingen, die ihnen und ihren Familien in diesem endlosen Krieg passiert waren. Und die jetzt endlich gesühnt wurden – durch sie, Johanna, die Jungfrau von Lothringen.

Wenn sie mit de Metz alleine war, konnte Johanna nur verwundert den Kopf schütteln. „Ich habe doch noch gar nichts getan! Nicht einmal eine kleine Schlacht geschlagen. Oder einen einzigen Engländer vertrieben."

De Metz sah sie ernst an. „Sie sehen in Euch die Hoffnung. Die Hoffnung auf eine bessere Welt, in der man nicht nur sät, sondern auch erntet. In der die Kinder groß werden und nicht durch einen herumziehenden Trupp Engländer ermordet werden – wegen einem Laib Brot oder einfach nur deshalb, weil sie gerade schlechte Laune hatten. Ihr verkörpert die Hoffnung auf Frieden. Das ist alles, was sie im Moment haben: Hoffnung."

Am Abend übte Johanna verbissen auf einem Feld mit dem Schwert. Immer wieder ließ sie Uriel herangaloppieren, wendete ihn und zerteilte dabei einen Holzscheit, den de Metz auf einem Stein platziert hatte. Als er endlich zufrieden war, sammelte er das klein gehackte Holz ein. „Die Wirtin wird heute Abend damit vortrefflich einheizen können. So haben wir es an unserem letzten Abend wenigstens warm!"

Johanna wurde blass. „Der letzte? Sind wir schon so dicht vor Chinon?"

De Metz nickte. „Ich habe meine Aufgabe erfüllt. Ihr werdet jetzt den Prinzen überzeugen müssen. Und dann in den Krieg ziehen."

„Und wo seid Ihr?"

„Wo auch immer der Prinz mich haben möchte! Ich stehe unter seinem Befehl."

„Warum bleibt ihr nicht bei mir? Warum kämpft Ihr nicht an meiner Seite?"

De Metz sah sie an. „Ist das Euer Wunsch?"

Johanna nickte. Sie konnte sich ein Leben ohne den jungen Soldaten nicht mehr vorstellen. Er erklärte ihr, was in Frankreich vor sich ging, er brachte ihr alles bei – ohne ihn würde sie sich am Hof überhaupt nicht zurechtfinden.

De Metz dachte nach. „Ihr werdet einige Wochen in Chinon verbringen. Ich werde sehen, was sich in der Zeit machen lässt. Außerdem muss ich auf meinen eigenen Ländereien nach dem Rechten sehen."

Als er Johannas erschrockenes Gesicht sah, fügte er hinzu: „Keine Angst, dort bin ich nicht lange. Aber ich habe im letzten Jahr geheiratet, und ich kann meine Frau nicht mit der Verwaltung aller Ländereien so lange alleine lassen."

Johanna sah ihn mit großen Augen an. „Ihr seid verheiratet?"

„Ja." De Metz nickte. „Meine Frau kommt aus einer angesehenen Familie, und sie vertritt mich, wenn ich in den Diensten des Prinzen unterwegs bin." Er lächelte. „Außerdem ist sie wunderschön und sanftmütig."

Johanna wagte es nicht, noch irgendetwas zu sagen. Ob jemals ein Mann von ihr sagen würde, sie sei sanftmütig? Wohl kaum. Man würde sie für ihren Mut oder ihren festen Willen rühmen, sicher nicht für ihre Weiblichkeit. Mit einem schiefen Grinsen sah sie an sich herunter. Wenn erst einmal Frieden herrschte, würde sie wenigstens wieder einen Rock anziehen …

Kurz vor Chinon wurden die Straßen belebter. Immer wieder jagten Boten auf schweißnassen Pferden vorbei, und genauso häufig traf Johanna mit ihrer Eskorte auf kleine Trüppchen von Soldaten. Die letzten Kilometer legten sie im Galopp zurück.

Johanna stockte der Atem, als sie plötzlich das Schloss vor

sich auf einer kleinen Anhöhe am Fluss liegen sah. Sie hatte in ihrem Leben noch nie ein so großes Gebäude gesehen. Strahlend weiß gekalkt leuchteten die Mauern in der Sonne. Links ragte ein dicker Turm in den Himmel, daran schloss eine Mauer an, die sich über die gesamte Anhöhe zog. Dahinter erkannte Johanna einige größere Gebäude und einen weiteren viereckigen Turm. Auf ihm flatterte eine Flagge mit dem Wappen des Prinzen im Wind.

De Metz hob die Hand, und die gesamte Gruppe parierte die Pferde durch. Er wandte sich zu Johanna um. „Das Beste ist, Ihr verlangt sofort Zutritt zu Prinz Charles. Es hat keinen Sinn, wenn Ihr hier tagelang auf eine Audienz wartet. Vor allem habt Ihr keine Zeit mehr zu verlieren. Bald ist Frühling, bald wird wieder gekämpft!"

Er wartete Johannas Nicken nicht ab, sondern gab seinem Fuchs die Sporen und lenkte ihn auf das große Tor in der Mauer zu. Die Eskorte und Johanna folgten ihm, und gemeinsam sprengten sie im Galopp durch den Torbogen. In dem weitläufigen Innenhof hielten sie an. Ein Bediensteter kam hoheitsvoll die Treppe herunter und musterte die Gruppe. Als sein Blick auf Johanna fiel, wanderten seine Augenbrauen nach oben. Mit kaum verhohlener Abneigung raunzte er: „Ihr wünscht?"

Johanna versuchte ein Lächeln. „Auch Euch Gott zum Gruße. Ich verlange Prinz Charles zu sprechen."

Der Mann sah Johanna verächtlich an. „Das wollen viele Frauen. Aber die haben wenigstens Röcke an!"

Noch bevor er weiterreden konnte, unterbrach Jean de Metz den Mann. „Passt darauf, was Ihr sagt. Das ist Johanna, die Jungfrau aus Lothringen. Sie will für den Prinzen kämpfen!"

Der Mann war nicht beeindruckt. „Es gibt viele Mädchen, die auf diesen Hof kommen und behaupten, die Prophezeiung zu erfüllen. Die Zeiten sind vorbei, wo wir jedes dahergelaufene Bauernmädchen empfangen."

Johanna spürte, wie brodelnder Zorn in ihr hochstieg. Wie konnte es dieser unwürdige Wicht wagen, sich ihr in den Weg zu stellen?

Sie sprang aus dem Sattel, warf de Metz die Zügel von Uriel zu und ging einfach an dem Wichtigtuer vorbei. Sein Zetern beachtete sie nicht. Ohne zu zögern, trat sie in das Innere des Schlosses und verharrte kurz, bis sich ihre Augen an das dämmerige Licht gewöhnt hatten. Zu ihrer Rechten führte eine Treppe nach oben. Von dort hörte sie das Stimmengewirr von vielen Menschen, die sich unterhielten. Immer noch wütend lief sie die Treppe hoch und hielt erst wieder an, als sich ihr ein weiterer Diener in den Weg stellte. „Wen soll ich melden?", näselte er.

Johanna richtete sich zu ihrer vollen Größe auf. „Richtet dem Prinzen aus, dass ich gekommen bin, um ihm die Krone zu geben!", sagte sie würdevoll. „Man nennt mich Johanna Darc, die Jungfrau aus Lothringen."

Der Diener sah sie zweifelnd an. Er musterte ihre Beinlinge und das dicke Wams, über dem Johanna immer noch den blauen Umhang von de Metz trug. Nach dem langen Ritt war der Umhang allerdings inzwischen ziemlich dreckig. Auch die Beinlinge hatten jetzt eine undefinierbare Farbe zwischen braun und grau. Zuletzt betrachtete er ihre Haare, die immer noch in alle Richtungen abstanden. Dann deutete er auf eine kleine Bank in einer Nische. „Setzt Euch, ich werde Euch dem Prinzen melden. Aber fasst Euch in Geduld, er beratschlagt sich gerade mit seinem Minister."

Ohne ein weiteres Wort verschwand der Diener in dem Saal. Johanna stand verloren auf dem Treppenabsatz und ließ sich schließlich widerstrebend auf der Bank nieder, die der Diener ihr gezeigt hatte. Es konnte ja nicht lange dauern, bis er sie dem Prinzen gemeldet hatte.

Sie wickelte sich in ihren warmen Umhang, unter dem es gemütlich warm wurde. Das Stimmengewirr aus dem großen Saal wirkte beruhigend, und allmählich verflog ihr Zorn, und eine wohlige Müdigkeit machte sich breit. Ihre Augen wurden schwer, und sie musste ein paarmal den Kopf schütteln, um nicht einzuschlafen.

Es erschien ihr wie eine Ewigkeit, bis der Diener wieder auftauchte und hoheitsvoll auf die Tür zum großen Saal deutete. „Der Prinz erwartet Euch auf dem Thron. Ihr könnt jetzt zu ihm gehen."

Johanna erhob sich und betrat den großen Saal des Schlosses von Chinon. Als Erstes fiel ihr der riesige Kamin an der schmalen Seite auf. Er war bestimmt so hoch wie zwei ausgewachsene Männer, und man hätte über seinem Feuer ohne Probleme einen kompletten Ochsen braten können. Doch auch ohne Ochse loderte im Kamin ein kräftiges Feuer, das dafür sorgte, dass der riesige Saal entschieden zu gut geheizt war. In der stickigen Luft roch sie die Körperausdünstungen von viel zu vielen Menschen, feuchte Wolle und süß parfümierten Körperpuder. Bestimmt zwei Dutzend Gesichter wandten sich Johanna zu. Sie las in ihnen Neugier, aber auch Belustigung und ein wenig Mitleid.

Sie traten zur Seite und bildeten eine Gasse, die direkt zum Thron führte. Auf ihm saß ein kräftiger, rundlicher Mann mit einem schwarzen Haarkranz, der sie mit unbewegter Miene musterte.

Johanna näherte sich zögernd und griff unwillkürlich wieder zu ihrem Amulett. Es fühlte sich heiß an. Irgendetwas stimmte hier nicht. Warum das Mitleid in den Blicken der Damen? Johanna sah sich noch einmal um. Rechts von ihr stand eine Gruppe Frauen, die diese ausladenden Hauben mit zwei Hörnern trugen, die von einem Schleier gekrönt wurden. Daneben die Herren mit den engen Beinlingen und den lächerlich ausgestopften Pluderhosen. Dazu die aufgebogenen langen Schnabelschuhe. Johanna war es ein Rätsel, wie man in diesen Dingern laufen konnte.

Ein Knappe mit eitrigen Pickeln und einem vorstehenden Kehlkopf kicherte plötzlich haltlos und konnte sich nicht mehr beruhigen. Johanna sah noch einmal zu dem Mann auf dem Thron, der immer noch nichts sagte. Sie ließ ihre Augen durch den Raum wandern. Das Amulett glühte in ihrer Hand. Hier stimmte etwas ganz und gar nicht. Hinter einem Pfeiler bemerkte sie eine Bewegung. Unwillkürlich machte Johanna einen Schritt zur Seite und entdeckte einen jungen Mann, der hinter dem Pfeiler stand und interessiert aus einer Fensternische herüberstarrte. Er war nur wenige Jahre älter als Johanna und trug teure Kleidung nach der neuesten Mode. In seinem mageren Gesicht prangte eine rote Schnupfennase, die blassblauen Augen waren fest auf Johanna geheftet. Das Amulett in ihrer Hand wurde plötzlich wieder kühl – und Johanna begriff, was für ein Spiel der Hofstaat mit ihr spielte. Sie wusste plötzlich:

Der Mann auf dem Thron war nicht der Thronfolger. Entschlossen lenkte sie ihre Schritte zu dem Rotnasigen hinter dem Pfeiler. In seinen Augen sah sie erst Erschrecken und dann Unglauben. Johanna fiel vor ihm auf die Knie und nahm seine beringte Hand.

„Mein Prinz. Ich bin gekommen, um Euch zum Sieg über die Engländer und zu Eurer Krone zu verhelfen. Gebt mir eine Armee – und ihr werdet mit Gottes Hilfe noch dieses Jahr in Reims zum König gesalbt!"

Die blassblauen Augen sahen sie immer noch ungläubig an. Er schien ihr gar nicht zugehört zu haben. „Woher …", stammelte er. Dann fiel ihm wohl ein, dass er ja der Prinz war. Mit etwas mehr Überzeugung redete er weiter. „Wer aus meinem Hofstaat hat Euch meine kleine Scharade verraten?"

Johanna kniete immer noch vor ihm. Voller Überzeugung griff sie nach ihrem Amulett, das sich jetzt wieder wie ganz normales Silber anfühlte. „Der Erzengel Michael hat mir gezeigt, wer in diesem Raum von Gott zum König berufen wurde. Ich musste ihm nur zuhören."

Prinz Charles sah sie stumm an und rang nach Worten. Da trat der kräftige Mann, der vorhin auf dem Thron gesessen hatte, neben ihn. Er musterte Johanna von oben herab.

„Ihr habt gute Informanten hier am Hof. Dann wisst ihr sicher auch, dass ich der Kanzler des Königs bin. Mein Name ist Trémouille. Und ich bin durch Euren kleinen Taschenspielertrick noch nicht überzeugt."

Der Prinz bemerkte, dass Johanna immer noch kniete. Er winkte ihr zu. „Erhebt Euch." Und dann wandte er sich an Trémouille und den Hofstaat. „Ich möchte mit unserer Besucherin alleine reden. Bitte entschuldigt uns." Damit winkte er Johanna, ihm zu folgen, und verschwand durch eine kleine Tür aus dem Saal.

Johanna folgte ihm eilig, sie konnte die neugierigen Blicke der vielen Menschen nur schwer ertragen.

Als die Tür hinter ihnen ins Schloss fiel, wandte sich Prinz Charles ihr zu. „Ich frage Euch noch einmal: Wer hat Euch geschickt? Woher wusstet Ihr von meinem Spiel? Und was ist Euer Ziel?"

Johanna sah ihn an. Der Prinz war wirklich ganz anders als in ihrer Fantasie. Sie hatte immer gedacht, ein Prinz wäre ein starker, mutiger Mann. Jemand, der dazu berufen war, ein Volk zu führen. Aber jetzt stand sie vor einem dünnen Jungen mit Schnupfen und einer zu hohen Stimme. Gott hatte einen eigenartigen Humor, dass er Frankreich ausgerechnet jetzt so einen schwächlichen Thronfolger geschickt hatte. Trotzdem antwortete Johanna so ernsthaft wie möglich.

„Ich wurde geschickt von der Überzeugung, dass das Leiden in Frankreich ein Ende haben muss. Das Volk lebt in Angst und sieht nur auf Euch, mein Prinz. Zu mir sprach der Erzengel Michael. Er gab mir den Auftrag, ihm das Schwert zu sein. Das Schwert, das Frieden in Frankreich bringt und Euch zu einem starken König macht. Damit Euer Volk endlich wieder glücklich wird."

„Wie …" Der Prinz suchte schon wieder nach Worten. Johanna seufzte innerlich. Kein Wunder, dass er nur in seinem Schloss saß und nicht selber einen Feldzug anführte. Endlich redete er weiter. „Wie spricht der Erzengel mit Euch? Seht Ihr ihn?"

Johanna überlegte. Es war natürlich schwierig, von der Stimme zu erzählen, aber er musste ihr jetzt unbedingt glauben, sonst war alles verloren.

Sie griff nach seiner Hand und führte sie zu ihrem Amulett. Er berührte es vorsichtig und zuckte zurück. Mit schreckensweiten Augen sah er Johanna an. „Es glüht!"

Johanna nickte. „Ja. Aber das ist nicht das Amulett. Es ist der Erzengel."

Mit einer schnellen Bewegung löste sie die schmale Silberkette, an der das Amulett hing, und drückte dem Prinzen den Schmuck in die Hand.

„Diese Kette gehörte meiner Schwester. Sie wurde von den Burgundern umgebracht, und seitdem trage ich das Amulett. Es redet mit mir."

Der Prinz sah das kleine Medaillon in seiner Hand skeptisch an. Dann schüttelte er den Kopf. „Es ist heiß, aber ich kann nichts hören."

Johanna seufzte. „Es redet nur mit mir. Ihr müsst mir glauben: Ich bin diejenige, die Euren Soldaten neuen Mut geben kann. Und den Sieg."

Charles ließ das Amulett nicht los. Er ging zu dem schmalen Fenster und sah auf den Innenhof, in dem ein paar Soldaten sich die Zeit mit Würfelspielen vertrieben. Endlich drehte er sich um. Er schien einen Entschluss gefasst zu haben. „Könnt Ihr denn kämpfen? Könnt Ihr ein Heer anführen?"

Johanna nickte entschlossen. „Ja. Ich habe gelernt, mit Schwert und Lanze umzugehen, und ich habe eines der besten Pferde des Königreiches. Ich kann in eine Schlacht ziehen."

„Ich will einen Beweis!" Der Prinz sah sie herausfordernd an.

„Ihr sollt morgen mit meinen besten Soldaten zum Tjosten antreten. Zum Kampf mit der Lanze! Haltet Euch bereit."

Damit wedelte er mit der Hand, was Johanna wohl als Befehl verstehen sollte, sich zurückzuziehen. Sie verabschiedete sich mit einem Nicken, ging durch den großen Saal zurück zu der Treppe und hinunter in den Innenhof. Die neugierigen Blicke der Höflinge nahm sie dabei kaum wahr. Diese Leute verschanzten sich hier am Hof und kriegten von dem Elend, das in Frankreich herrschte, nichts mit.

Auf dem Hof war von ihrer Eskorte nichts mehr zu sehen. Johanna lief in den Stall, in dem Uriel schon in seinem Unterstand stand und an seinem Heu kaute. Johanna streichelte seinen mächtigen Hals. „Morgen", flüsterte sie in sein Ohr. „Morgen müssen wir zeigen, was wir können. Lass mich nicht in Stich."

Der Hengst stupste sie mit seiner weichen Nase vorsichtig an. So, als ob er ihr Mut machen wollte. Sie lächelte. Auf ihn konnte sie sich verlassen.

11

De Metz reichte ihr den Helm. „Du schaffst das!", sagte er leise. Trotzdem sah er besorgt aus.

Johanna nickte und zog den Helm über ihr kurzes Haar. Das Visier ließ sie noch offen, sodass sie das Publikum sehen konnte. Auf einer kleinen Holztribüne saßen der Prinz, Kanzler Trémouille und sein Hofstaat. Sie alle wollten sehen, wie sich das kleine Bauernmädchen mit ihrem gewaltigen Schimmel blamierte. Die Knappen, die rings um den matschigen Turnierplatz an den Absperrungen herumlungerten, hatten Wetten auf ihre Herren abgeschlossen und riefen sich Witze zu. Soldaten und Ritter standen in Gruppen beieinander und beobachteten misstrauisch das Mädchen, dass behauptete, sie zum Sieg führen zu können.

In der Mitte des Turnierplatzes befand sich eine Trainingsvorrichtung, von der de Metz bisher nur erzählt hatte. Ein Lederbeutel, mit Stroh gefüllt, der an einer Art Galgen hing. Leider ein drehbarer Galgen. An der anderen Seite hing ein weiterer Beutel, der allerdings mit Steinen gefüllt war. Wenn sie den Strohbeutel mit der Lanze traf, setzte sich dieser Galgen also in Bewegung und schwang den mit Steinen gefüllten Lederbeutel mit Wucht von hinten gegen den Lanzenstecher – man konnte ihm nur entkommen, wenn man schnell genug weitergaloppierte. Johanna sollte an diesem Gerät zeigen, dass sie

119

überhaupt würdig war, gegen einen der Soldaten des Prinzen anzutreten.

Sie atmete tief durch und nahm Uriels Zügel auf. Der Hengst spitzte die Ohren und tänzelte zum Turnierplatz. Johanna fürchtete sich inzwischen nicht mehr, wenn Uriel sein Temperament zeigte. Sie wusste, dass er damit nur seiner Lebensfreude Ausdruck verleihen wollte. Aber das Publikum war beeindruckt von dem stolzen Pferd. „Kein schlechtes Tier für eine Schafhirtin", hörte sie einen Knappen zu seinem Freund sagen.

Sie lächelte und klappte das Visier nach unten. Verwundert stellte sie fest, dass man durch den Sehschlitz sehr wenig sah. Damit zogen die Soldaten in die Schlacht? Gleichzeitig hörte sie ihren eigenen Atem überdeutlich, und schon in der milden Frühlingssonne wurde es sofort unerträglich heiß unter dem Helm. Der Lärm des Publikums drang nur noch gedämpft zu ihr, als sie sich vor dem Galgen in Position brachte.

Auf einen leichten Schenkeldruck hin schoss Uriel los. Er hatte schon Hunderte Male solche Übungen gemacht – das hatte ihr zumindest Jean de Metz versichert. Seine Galoppsprünge wurden größer und schneller, und Johanna erinnerte sich plötzlich an ihren ersten Ritt auf dem Schimmel. Damals, als er haltlos über den Hof gerast war. Das sollte ihr nicht noch einmal passieren. Entschlossen griff sie in den Zügel, und Uriel wurde gehorsam langsamer. In der Sekunde erreichten sie auch schon den Lederbeutel. Johanna stieß mit der Lanze hinein, und der Galgen schwang blitzartig herum. Der steingefüllte Beutel schlug mit Wucht gegen Johannas Rücken, und sie kämpfte mit Mühe um das Gleichgewicht im Sattel. Sie konnte sich erst wieder aufrichten, als Uriel von selbst erst in Trab fiel und dann stehen blieb. Von fern drang dröhnendes Gelächter durch den Helm zu ihr. „Eine Schafhirtin! Eine Schafhirtin!", grölten die Soldaten.

Johanna spürte, wie sie unter dem Helm puterrot wurde. Sie lenkte Uriel zurück zu de Metz, der sie zornig anfunkelte.

„Wie kann man so dämlich sein, ein Pferd direkt vor dem Zustoßen zu verlangsamen? Das ist der Moment, wo du an Tempo zulegen musst!", herrschte er sie an.

Johanna biss sich auf die Lippen und wendete Uriel, noch bevor sie de Metz erreicht hatte. Der Galgen stand wieder auf der Grundposition, als sie zum zweiten Mal anritt. Sie hörte, wie das Gelächter erstarb, als der Schimmel erneut auf den Lederbeutel zuraste. Johanna legte ihre Schenkel an, so fest sie konnte. Und tatsächlich steigerte Uriel seine Geschwindigkeit noch, als Johanna mit der Lanze nach dem Strohsack stieß. Auch diesmal drehte sich der Galgen – aber Johanna war schon einige Galoppsprünge entfernt, als der steingefüllte Sack durch die Luft pfiff.

Stolz parierte sie Uriel durch. Jetzt hörte sie überraschte Jubelschreie durch ihren Helm. Sie klappte das Visier nach oben, während sie zurück zu de Metz ritt.

Der nickte ihr zu, als er nach Uriels Zügel griff. „Gut gemacht. Genau so machst du es auch beim Tjosten gegen einen Soldaten. Du musst kurz vor dem Aufprall noch einmal beschleunigen. Nutze die Kraft von Uriel aus, sie hilft dir beim Siegen. Und habe keine Angst: Gegen ein Mädchen hat Charles nur einen einfachen Soldaten in den Wettkampf geschickt. Dem bist du überlegen!"

Johanna blickte zum anderen Ende des Wettkampffeldes.

Dort stellte sich ein Reiter mit einem stämmigen braunen Pferd auf. In diesem Augenblick schob er sein Visier nach unten und brachte seine Lanze in Position für den Wettkampf. Über den Platz senkte sich erneut Schweigen.

Johanna klappte ihr Visier ebenfalls wieder nach unten und dirigierte den tänzelnden Uriel zurück auf seinen Platz. Einen Moment lang verharrte sie reglos und sah zu dem Prinzen hin, der jetzt ein Taschentuch in der Hand hielt. Als er es fallen ließ, drückte sie Uriel ihre Fersen in die Seite. Der Schimmel schoss los. Johanna musste ihn nicht einmal lenken, er wusste, wo der Gegner war, und galoppierte schnaubend auf ihn zu. Es kam Johanna vor wie die Dauer eines Wimpernschlags, und schon hatten sie den Soldaten auf seinem braunen Pferd erreicht. Sein Pferd wich leicht nach links aus, sodass der Soldat keine Chance hatte, Johanna zu treffen. Uriel dagegen blieb auf seiner kerzengeraden Spur, Johanna musste die Lanze nur fest unter den Arm geklemmt halten. Mit einem gewaltigen Krachen traf sie den Soldaten mitten auf der Brust. Die Lanze splitterte, und der Mann flog in hohem Bogen aus dem Sattel.

Johanna stöhnte erschrocken auf. Der Schlag der Lanze gegen ihre Schulter war heftiger als erwartet. Aber sie hielt sich aufrecht im Sattel, konnte Uriel zum Trab durchparieren und zur Tribüne des Prinzen reiten. Hier klappte sie ihr Visier nach oben und ließ Uriel anhalten.

Der Prinz wandte sich an einen Priester, der neben ihm saß. „Sie kämpft wie ein echter Soldat. Jetzt überprüft, ob sie wirklich vom Erzengel Michael geschickt ist, wie sie behauptet." Er drehte sich zu einer alten Frau, deren Haut sich wie knittriges Pergament über ihr Gesicht spannte. „Und Ihr, verehrte Mutter, übernehmt die Untersuchung, ob Johanna tatsächlich Jungfrau ist, wie sie es vorgibt zu sein." Er richtete seinen Blick auf Johanna, während er sich mit einem Taschentuch die Nase abtupfte. „Wenn Ihr diese Prüfungen besteht, dann bin ich bereit zu glauben, dass Ihr die von Gott gesandte Jungfrau seid." Damit nickte er hoheitsvoll und verließ die Tribüne.

Johanna lenkte ihren Uriel zurück zu de Metz. Sie verstand die Welt nicht mehr. Noch mehr Tests? Und das, wo doch keine Zeit mehr zu verlieren war! Und wie mochte eine Überprüfung ihres Glaubens und ihrer Jungfräulichkeit aussehen? Sie hatte eine Gänsehaut, als sie bei de Metz anhielt.

Er sah sie fragend an. „Was hat der Prinz gesagt?"

Johanna ließ sich müde aus Uriels Sattel gleiten. „Er will weitere Prüfungen. Er lässt meinen Glauben und meine Jungfräulichkeit auf die Probe stellen. Erst wenn seine Mutter und seine Priester mich für würdig befinden, ist er bereit, mir zu glauben." Sie lehnte ihren Kopf gegen Uriels warme Schulter. „Was habe ich mir da nur vorgenommen?"

De Metz legte ihr tröstend seine Hand auf den Arm. „Keiner hat gesagt, dass es leicht sein wird, oder? Komm, ich glaube, die Dienerinnen von Charles' Mutter warten schon auf dich."

Johanna verabschiedete sich mit einer Grimasse von de Metz. Tatsächlich warteten am Rande des Turnierplatzes schon vier dunkel gekleidete Gestalten auf sie.

„Folgt uns zu unserer Herrin!", murmelte eine von ihnen und konnte dabei ihre neugierigen Blicke auf Johannas Kleidung nicht verbergen.

Johanna folgte den Frauen und bemühte sich, sie ihre Unsicherheit nicht spüren zu lassen. Sie führten sie in ein abgelegenes Zimmer, in dem ein großes Bett, eine Kommode und ein Waschtisch standen. Hier ließen sie sie allein. Johanna warf einen hoffnungsvollen Blick in die Waschschüssel. Vielleicht konnte sie sich nach dem Turnier ja wenigstens das Gesicht waschen. Doch die Schüssel war leer. Johanna setzte sich ratlos auf das Bett. Niemand hatte ihr gesagt, wie lange sie hier warten sollte. Sie sah sich um. Wer wohl sonst in diesem Zimmer lebte? Es sah nicht sehr bewohnt aus.

Nach einer kleinen Ewigkeit – zumindest kam es Johanna so vor – öffnete sich knarrend die Tür. Eine der Dienerinnen kehrte zurück und musterte Johanna eingehend.

„Zieht Euch aus!", wisperte sie und warf ein Leinenhemd neben Johanna auf das Bett. „Und zieht das hier an! Die Mutter des Prinzen wird gleich mit ihren Kammerzofen hier sein."

Damit klappte die Tür wieder zu. Johanna sah das Leinenhemd an. Seufzend öffnete sie ihr wattiertes Wams, löste die Bänder der Beinlinge und zog sich aus. An ihrer Schulter entdeckte sie einen leuchtend blauen Fleck. Vorsichtig tastete sie die Stelle ab. Es schien keine ernsthafte Verletzung zu sein. Soweit sie es erkennen konnte, hatte sie eine zweite, schmerzhaft gerötete Stelle auf ihrem Rücken. Dort hatte sie der Sack mit den Steinen getroffen. Als sich Schritte auf dem Gang näherten, beendete Johanna schnell ihre Untersuchung und zog sich das Leinenhemd über. Wenige Sekunden später flog auch schon die Tür auf, und die Mutter des Prinzen sah Johanna aus kalten dunklen Augen an. Ohne das Sonnenlicht auf dem Platz wirkte ihre Haut fast durchsichtig. Sie hob eine Hand und deutete mit einem knotigen Finger auf das Bett. „Legt euch nieder!" Ihre Stimme klang körperlos und leer.

Johanna legte sich gehorsam auf das Bett. Die Kammerzofen von Charles' Mutter verteilten sich um das Bett und sahen gleichmütig zu, wie die alte Frau ihre kalten Hände unter Johannas Hemd wandern ließ. Johanna schloss ihre Augen und dachte an die grünen Wiesen von Domremy. Es war einfach zu gruselig, was diese alte Frau mit ihr anstellte.

Nur wenige Augenblicke später richtete sich die Frau wieder auf und wischte ihre Hände an einem von den Kammerzofen bereit gehaltenen Tuch ab.

„Sie ist intakt", verkündete sie mit ihrer merkwürdigen Stimme. „Jetzt können die Mönche ihren Glauben auf die Probe stellen." Die alte Frau sah Johanna zum ersten Mal mit so etwas wie Interesse an. „Und Ihr glaubt wirklich, dass Ihr meinem Sohn zur Krone verhelfen könnt?"

Johanna konnte sich nach dieser erniedrigenden Prozedur kaum noch beherrschen. „Wenn Ihr endlich aufhören würdet, an mir zu zweifeln, dann würde es vielleicht noch in diesem Jahr so weit sein. Aber ihr vergeudet wertvolle Zeit. Für Frankreich und für Euren Sohn!"

Die Frau hörte Johannas Beschimpfung mit unbewegter Miene an. Sie nickte nur, drehte sich um und ging. Erst im Türstock blieb sie kurz stehen. „Fühlt Euch wie mein Gast. Diese Kammer steht zu Eurer Verfügung, bis Euer Glauben geprüft worden ist. Meine Dienerinnen sind angewiesen, auch Euch zu Diensten zu stehen."

Damit verschwand sie. Johanna ließ sich auf ihrem Bett nach hinten sinken und starrte minutenlang die Decke an. Sie war schrecklich müde. Wann wohl die Prüfungen der Mönche begannen?

Die Antwort darauf kam schnell. Nur wenige Minuten, nachdem die Mutter des Prinzen verschwunden war, betrat ein hagerer Mönch Johannas Zimmer. Er musterte sie, ohne ein Wort zu sagen. Johanna fühlte sich unbehaglich in ihrem Leinenhemd. Endlich öffnete er seinen Mund und sagte mit schnarrender Stimme: „Ihr seid also die Jungfrau aus Lothringen?" Es sollte wohl eine Frage sein, klang aber wie eine Feststellung.

Johanna nickte. Der Mönch wackelte mit seinem Kopf, der auf einem viel zu langen, dünnen Hals saß. Johanna stellte sich einen Moment lang vor, dass der Kopf einfach nicht richtig befestigt war und bald abfallen würde. Sie verkniff sich ein Lächeln.

Der Mönch verzog keine Miene. „Findet Euch morgen nach dem Frühgebet in der Kapelle der Festung ein. Wir werden Euch einer Befragung unterziehen."

„Und wie lange wird das dauern?", wollte Johanna wissen.

Der Mönch hob eine Augenbraue, wohl um zu zeigen, dass er ihre Frage nicht angemessen fand. „Wir nehmen uns genug Zeit, um sicherzugehen, dass Ihr nicht vom Teufel geschickt seid. Das kann man nicht an einem einzigen Tag feststellen."

Johanna sank in sich zusammen. „Aber ich verliere wertvolle Zeit, während Ihr mich befragt."

„Als Gott die Zeit schuf, machte er genug davon", befand der Mönch spitz. „Bis zum Morgengebet!" Damit verschwand er.

Johanna sah ihm wütend hinterher. Sie erhob sich, zog sich wieder ihre Kleider an und warf sich den blauen Umhang um. Sie wollte wenigstens Uriel besuchen. Aber die verwinkelten Gänge der Festung von Chinon erwiesen sich als tückisch.

Hinter jeder Wendung öffnete sich ein weiterer Gang oder ein Zimmer, das durchquert werden musste. Sie hastete immer schneller durch die Festung, bis sie plötzlich hinter einer Kurve gegen einen Mann rumpelte. Erschrocken fuhr Johanna zurück. Es war Trémouille. Er hielt sie an beiden Oberarmen fest.

„Wohin des Wegs, Johanna Darc? Oder soll ich Euch Jungfrau von Lothringen nennen?"

„Das überlasse ich Euch", zischte Johanna, während sie versuchte, sich aus seinem festen Griff zu winden. Aber seine Hände waren wie Schraubstöcke. Sein Gesicht kam ihrem so nahe, dass sie seinen üblen Mundgeruch riechen konnte.

„Was wollt Ihr mit dem Prinzen? Was sind Eure Ziele?", fragte er leise.

Johanna versuchte weiter, sich zu befreien. „Das habe ich schon gesagt. Ich möchte dem Prinzen seine Krone geben und Frankreich den Frieden …"

Doch der Kanzler ließ Johanna nicht los. Er kniff seine Augen zusammen. „Wer schickt Euch? Wer bezahlt Euch?"

„Niemand", keuchte Johanna. „Niemand bezahlt mich. Und ich wurde geschickt vom Erzengel, das habe ich bereits erzählt."

Trémouille schüttelte den Kopf. „Die Märchen, die Ihr am Hof erzählt, sind mir egal. Ich will die Wahrheit wissen. Ich frage Euch erneut: In wessen Auftrag seid Ihr hier in Chinon? Was wollt Ihr vom Prinzen? Und merkt Euch eins: Der Prinz ist mein. Er tut nur, was ich ihm sage!"

Endlich gelang es Johanna, sich aus dem Griff des Kanzlers zu lösen. Sie machte zwei hastige Schritte nach hinten, um dem Gestank nach faulenden Zähnen zu entkommen. Sie rieb sich die Oberarme, die noch immer von Trémouilles hartem Griff schmerzten. Noch mehr blaue Flecken. Mit blitzenden Augen sah sie den Kanzler an. „Das mag vielleicht jetzt stimmen! Aber wenn der Prinz zum König gekrönt und mit dem heiligen Öl gesalbt worden ist – dann könnt Ihr ihn nicht mehr führen wie ein kleines Hündchen."

Damit duckte sie sich und lief an Trémouille vorbei. Nach ein paar weiteren Gängen, Stufen und Kammern, die sie so schnell wie möglich durchquerte, entdeckte sie plötzlich die Treppen, die sie gestern in den großen Saal geführt hatten. Sie öffnete das Tor vor dem Treppenabsatz und stand endlich auf dem Innenhof der Festung. So schnell sie konnte, lief sie zu den Stallungen. Uriel wieherte ihr mit seiner tiefen Stimme laut entgegen. Johanna ging in seinen Unterstand und streichelte seine Nüstern. „Sei froh, dass du hier im gemütlichen Stall stehst", murmelte sie in seine Mähne. „Im Inneren dieser Festung ist es weniger schön." Sie rieb sich über die Oberarme. Wovor hatte dieser feiste Kanzler so viel Angst? Während sie noch nachdenklich die Mähne von Uriel entwirrte, hörte sie, wie sich vertraute Schritte über die Stallgasse näherten. Strahlend drehte sie sich um, um Jean de Metz zu begrüßen. Doch als sie ihn sah, erstarb ihr das Lächeln auf den Lippen. Er trug seine Reisekleidung und hatte ein Bündel über die Schulter gelegt.

„Ihr geht?", fragte sie, obwohl sie die Antwort schon kannte.

„Eure Prüfungen durch die Mönche werden einige Wochen dauern", sagte er. „Ich nutze die Zeit, um meinen Ländereien einen Besuch abzustatten."

„Aber Ihr seid der Einzige, den ich hier kenne", stammelte Johanna. „Mit wem soll ich sonst in der ganzen Zeit reden?"

De Metz versuchte, Johanna zu beruhigen. „Die Mönche

werden Euch den ganzen Tag beschäftigt halten. Da hättet Ihr ohnehin keine Verwendung für mich. Und mir liegt das Leben am Hof nicht sonderlich. Seid unbesorgt: Ich bin wieder hier, bevor es wirklich losgeht." Er deutete auf Uriel, der mit gespitzten Ohren der Unterhaltung zu lauschen schien. „Und Ihr habt Uriel. Übt weiter, reitet ihn täglich. Versprecht Ihr mir das?"

Johanna nickte. „Ja. Aber ich werde trotzdem schrecklich einsam hier sein. Dieser Trémouille hat mich gerade schon abgefangen …"

Schnell legte de Metz seinen Zeigefinger an die Lippen und sah sich um. Dann flüsterte er eindringlich: „Hier haben die Mauern Ohren. Ihr dürft nicht einfach so gegen den mächtigsten Mann des Königreiches reden! Vor allem nicht so laut."

Johanna machte große Augen. „Er ist der mächtigste Mann in Frankreich? Aber warum? Das müsste doch der Prinz sein."

De Metz zuckte die Schultern. „Charles ist pleite. Er hat ein Königreich, dass nach neunzig Jahren Krieg völlig ausgeblutet ist. Trémouille dagegen ist durch den Krieg zu Reichtum gekommen. Er leiht Charles sein Geld und macht ihn dadurch zahm wie ein Kätzchen." Er sah sich noch einmal um und flüsterte weiter. „Er kann Euch nicht einschätzen, das macht ihm Angst. Vermeidet den Kontakt mit ihm, haltet Euch an den Prinzen!" Damit richtete sich de Metz auf und redete wieder mit normaler Stimme. „Ich muss jetzt los, ich möchte noch im Tageslicht bei meiner Frau sein."

Er ergriff seinen Sattel und fing an, seinen Fuchs mit geübten Bewegungen reisefertig zu machen. Nur Augenblicke später führte er den Hengst aus dem Stall und schwang sich auf seinen Rücken. Johanna war ihm gefolgt.

„Gute Reise!", sagte sie leise und versuchte, ihre Tränen zurückzuhalten.

Jean de Metz sah sie von seinem tänzelnden Pferd herab an.

„Wir sehen uns wieder!", versprach er, ließ den Fuchs auf der Hinterhand kehrtmachen und sprengte im Galopp aus dem Hof von Chinon.

Johanna stieg müde die Treppen zu ihrer Kammer empor. Sie hatte einen Knappen nach dem Weg gefragt, und so erreichte sie diesmal schnell ihr Ziel. Erschöpft ließ sie sich auf ihr Bett fallen, als sich auch schon der nächste Diener durch die Tür schob. Er entfachte ein Feuer in dem kleinen Kamin, füllte die Waschschüssel mit frischem Wasser und wandte sich ihr schließlich mit einem freundlichen Lächeln zu.

„Kann ich noch etwas für Euch tun?"

Johanna spürte, wie ihr Magen knurrte. „Könntet Ihr mir etwas zu essen bringen?", bat sie.

Der Diener blieb freundlich, aber er schüttelte den Kopf. „Heute Abend ist das Festbankett des Prinzen. Da könnt Ihr kaum fernbleiben! Dort werden wahre Köstlichkeiten aufgetischt!"

Johanna verdrehte die Augen. „Mein Tag war auch ohne Festbankett wahrhaft aufregend genug. Gibt es keine Möglichkeit, ansonsten etwas zu essen zu finden?"

„Aber … es ist eine Ehre, zu diesem Festbankett geladen zu sein! Das darf man nicht ausschlagen!" Der Diener konnte sich offenbar beim besten Willen nicht vorstellen, warum man diesem Bankett fernbleiben wollte.

Johanna seufzte. Also noch ein offizieller Termin. Sie sah an sich herunter. Sie trug immer noch die alte Kleidung von Jean de Metz. Das war alles, was sie besaß. Sie zuckte mit den Schultern. Sie wollte schließlich in den Krieg ziehen – da würde man ihr wohl verzeihen, dass sie etwas ungewöhnlich gekleidet war.

Etwas später am gleichen Abend kamen ihr Zweifel an dieser Entscheidung. Johanna stand vor dem prachtvollen Eingang zum Festbankett des Prinzen. Sie überblickte den Saal und sah die Höflinge vom Vortag wieder. Doch jetzt waren ihre Kleider noch um einiges ausgefallener. Die Damen trugen enge Mieder, die ihre Hüften und Brüste einquetschten. Dazu weite Röcke, aus denen die Schnabelschuhe ragten, die Johanna schon am Vortag aufgefallen waren. Für den festlichen Anlass waren die Schuhe jetzt allerdings noch länger und mit aufwändigen Stickereien verziert. Für den Kopfputz gab es offensichtlich zwei Moden: Entweder trug man eine spitze Haube mit einem kleinen Schleier – oder eben die doppelhörnige Haube.

Die Herren waren mit engen Beinlingen mit ausgepolsterten Wämsern darüber bekleidet. Johanna sah verwundert, dass die meisten Männer ihre Beinlinge mit einer andersfarbigen Kapsel über dem Schambereich verziert hatten. Was sollte das? Wollten sie, dass man Ihnen unverhohlen auf ihr Geschlecht starrte? Und dazu noch diese Farben: Gelbe Beinlinge mit roter oder blauer Schamkapsel waren keine Seltenheit. Johanna wurde flammend rot. So etwas hatte sie noch nie gesehen – aber sie war natürlich auch noch nie zu einem Festbankett geladen gewesen.

Noch während Johanna sich bemühte, ihre Fassung wiederzugewinnen, stand plötzlich einer der Kammerherren des Prinzen vor ihr. Er bemühte sich seinerseits, seine Überraschung über Johannas einfache Reisekleidung zu verbergen. „Wenn Ihr mir folgen würdet! Der Prinz wünscht Euch als Tischdame für diesen Abend!"

Johanna folgte ihm gehorsam und setzte sich auf den ihr zugewiesenen Platz. Der Prinz nickte zur Begrüßung. Trémouille saß neben ihm und hielt bereits eine saftig glänzende Entenkeule in der Hand. Johanna lief unwillkürlich das Wasser im Mund zusammen. Sie hatte seit dem frühen Morgen nichts gegessen und war jetzt wirklich sehr hungrig. Doch erst einmal musste sie Trémouilles Blicke ertragen. Er musterte sie und meinte schließlich mit vollem Mund: „Habt Ihr keine angemessene Kleidung für ein Bankett? Eine der Damen hätte Euch sicher ein Kleid geliehen."

Johanna sah ihn herausfordernd an. Vor so viel Publikum würde er es kaum wagen, sie noch mal anzufassen. „Ich werde die Kleidung der Soldaten tragen, bis Frankreich den Sieg errungen hat."

Trémouille kaute ungerührt weiter. „Und diese Kleidung muss ungewaschen sein?"

Johanna wurde rot. „Ich habe sonst nichts."

Trémouille machte eine ungehaltene Bewegung mit der Hand. „Ich schicke Euch morgen meinen Schneider."

Johanna machte eine abwehrende Geste. „Das ist sehr freundlich von Euch, aber ich fürchte, ich kann Euren Schneider nicht bezahlen."

„Nehmt es als mein Willkommensgeschenk!", erwiderte Trémouille und wandte sich dann wieder an den Prinzen. „Wenn wir schon einen Bauerntrampel als Jungfrau testen lassen, dann sollten wir uns wenigstens um sein Aussehen kümmern, meint Ihr nicht?" Charles nickte.

Johanna griff nun auch nach einem Stück gebratenen Fasan und biss gierig hinein. Das Fleisch war köstlich. Neugierig sah sie dem Treiben auf dem Bankett zu, während sie ihren Hunger stillte.

Plötzlich fiel ihr etwas ein. Sie beugte sich zu dem Prinzen. „Sagt, welches Ereignis feiern wir heute?"

Charles sah sie erstaunt aus seinen blassblauen Augen an. „Was heißt hier feiern? Dieses Festbankett findet jeden Abend statt. Das hier ist schließlich der Hof des Prinzen von Frankreich."

„Ah", machte Johanna. Mehr fiel ihr nicht ein. Kein Wunder, dass der Prinz kein Geld mehr hatte. So ein Festmahl musste ein Vermögen kosten! Und vor allem: Solange sie an diesem Hof war, musste sie also jeden Abend diese merkwürdig verkleideten Menschen ansehen. Sie seufzte. Wenn sie nur wieder mit de Metz unterwegs wäre. Kein Wunder, dass der wenig für das Leben bei Hof übrighatte!

12

Im Inneren der Kirche herrschte Halbdunkel, das von den wenigen Kerzen kaum erhellt wurde. Johanna kniete in einer der hintersten Bänke und lauschte auf die eintönigen Gesänge der Mönche. Unter halb geschlossenen Lidern beobachtete sie den Hofstaat, der sich zu dieser frühen Stunde zum Morgengebet versammelt hatte. Nicht alle sahen wirklich wach aus. Vor allem Trémouille schien mit dem Schlaf zu kämpfen. Johanna grinste in sich hinein. Als sie sich gestern von dem Bankett zurückgezogen hatte, hatte Trémouille gerade nach einem weiteren Krug Wein verlangt. Kein Wunder, wenn sein Kopf heute schwer war …

In dieser Sekunde hallte das „Amen" der Mönche durch die Kirche. Johanna bemühte sich, ihre Gedanken wieder auf den Glauben zu richten. Immerhin sollte der jetzt geprüft werden. Nach dem abschließenden Segen trollte sich der Hofstaat, um endlich ein Frühstück zu sich zu nehmen. Vor Johanna tauchte wieder der Mönch auf, der sie gestern schon besucht hatte. Wieder wackelte sein Kopf auf dem Hals, als er sie mit einer wortlosen Geste aufforderte, ihm zu folgen.

Beklommen schlich Johanna hinter ihm her.

Er brachte sie in die Sakristei der Kirche. Sie war ebenso dunkel und muffig, nur kleiner. Allerdings brannten hier mehr Kerzen, sodass Johanna die Gesichter der Mönche, die vor ihr saßen, gut sehen konnte. Den Vorsitz ihrer Prüfungskommission hatte offensichtlich der hagere Mönch, der sie gerade abgeholt hatte. Jetzt schnarrte er los.

„Meine Brüder und ich sind hier zusammengekommen, um deinen Glauben zu prüfen. Wenn wir eine Berufung zur Jungfrau von Lothringen erkennen können, werden wir dem König einen Feldzug im Zeichen der Prophezeiung empfehlen. Wenn nicht …", erst jetzt sah er Johanna das erste Mal an, „ … werden wir Johanna Darc wegen Anmaßung verurteilen."

Johanna spürte, wie heißer Zorn in ihr aufstieg. Als ob sie den Segen dieser frömmelnden Mönche bräuchte! Oder diese komischen Kuttenträger das Recht hätten, über ihren Glauben zu urteilen. Aber sie beherrschte sich und blieb ruhig.

Der hagere Mönch richtete erneut das Wort an sie. „Ihr seid also Johanna Darc?"

Johanna nickte.

„Und Ihr habt den Auftrag, Frankreich vor den Engländern zu retten?"

Erneutes Nicken.

„Wer hat Euch den Auftrag erteilt?"

Johanna bemühte sich um eine knappe Antwort. „Der Erzengel Michael."

„Er redet zu Euch?"

„Zu Euch etwa nicht?" Jetzt war ihr doch eine unziemliche Bemerkung herausgerutscht.

„Das tut hier nichts zur Sache", schnarrte der Mönch. Offensichtlich hatte er für Scherze wenig übrig. „Woran erkennt Ihr, dass es der Erzengel ist?"

Johanna zuckte mit den Schultern. „Ich weiß es eben."

Der Mönch wurde neugierig. „Spricht der Erzengel einen Dialekt?"

„Nicht mehr als Ihr!" Johanna lächelte. Im Hintergrund konnte sie erkennen, dass einige seiner Mitmönche ebenfalls lächelten. Tatsächlich stammte dieser Mönch unüberhörbar aus dem Süden Frankreichs.

„Warum glaubt Ihr, dass der Erzengel ausgerechnet Euch ausgewählt hat?"

Johanna sah ihn ernst an. „Das würde ich auch gerne wissen. Ich wäre liebend gerne weiter Schafhirtin in Domremy geblieben. Aber mein Schicksal ist ein anderes. Ich musste erleben, wie brutal der Krieg Leben auslöscht und verändert. Seitdem bin ich mir sicher: Ich muss aus Frankreich ein anderes Land machen. Ein sicheres Land."

Der Mönch sah sie unbewegt an. „Das ist ehrenhaft. Aber zuerst müssen wir die Redlichkeit Eures Glaubens prüfen. Ich habe gehört, in Domremy steht eine Buche. Unter ihr sollen heidnische Feste stattfinden. Was wisst Ihr davon?"

„Unter der Buche finden Feste statt, ja." Johanna hob abwehrend die Hände. „Aber sie sind ebenso wenig heidnisch wie das Festbankett des Prinzen gestern Abend. Es wird nicht gebetet, sondern gegessen, getrunken und gelacht. Die Buche steht dort seit Jahrhunderten, und ebenso lange ist sie der Treffpunkt des Ortes. Ich kann daran nichts Heidnisches erkennen."

Die Mönche befragten Johanna ohne Pause bis zum späten Nachmittag. Als sie endlich entlassen wurde, hatte sie Kopfweh und Hunger – und wollte nur noch alleine sein. Ein Diener wies ihr den Weg zur Küche, wo sie sich schnell Brot, Käse und getrocknete Apfelringe besorgte. Danach lief sie die Stallgasse herunter, um Uriel zu begrüßen. Er wieherte ihr entgegen, kaum dass er ihre Schritte hörte. Zur Begrüßung gab Johanna ihm die Apfelringe, die er mit Genuss zerkaute. Johanna sattelte ihn rasch, führte ihn aus dem Stall und schwang sich in seinen Sattel. Im flotten Trab verließ sie den Hof und fand nach wenigen Metern einen Pfad, der sich am Fluss entlangschlängelte. Johanna drückte ihre Fersen in Uriels Seiten, und der Hengst galoppierte gehorsam an. Erst der Wind im Gesicht vertrieb die düsteren Gedanken, die Johanna während der Befragung gekommen waren. Was, wenn ihr diese Mönche nicht glaubten? Sie konnte nicht mehr nach Domremy zurückkehren, das Leben dort war unwiederbringlich vorbei. Es gab nur noch ein Ziel in ihrem Leben – der Kampf gegen die Engländer. Konnte es wirklich sein, dass ein Mönch mit wackelndem Kopf sie daran hindern würde?

Uriel schnaubte kräftig und griff weiter aus. Die Bäume flogen an ihnen vorbei. Erst als der Weg breiter wurde und sich zu einer Wiese hin öffnete, parierte Johanna ihn durch. Das fahle Wintergelb der Wiese färbte sich gerade ein wenig grün. Der Frühling war nicht mehr fern. Eine kleine Ansiedlung, die sich direkt an das Ufer des Flusses schmiegte, wollte Johanna im Trab durchqueren. Da trat eine Frau aus einem der Häuser und sah sie mit ungläubigen Blicken an. Dann kreischte sie unvermittelt los. „Die Jungfrau ist da! Unsere Retterin!"

Noch bevor Johanna irgendetwas sagen konnte, flogen weitere Türen auf. Innerhalb weniger Augenblicke sammelten sich eine ganze Handvoll Dorfbewohner um sie und jubelten ihr zu.

Johanna lächelte verlegen und winkte.

„Bring uns Frieden!", hörte sie die Dorfbewohner noch rufen, als sie schon hinter der nächsten Wegbiegung verschwunden war.

Kopfschüttelnd trieb sie Uriel wieder in den Galopp. Woher wussten die Leute von ihren Plänen?

Auch in den nächsten Tagen blieb Johannas Tagesablauf gleich: Am Nachmittag ließen die Mönche mit ihren endlosen Fragen von ihr ab, Johanna ging mit Uriel ausreiten oder zum Training auf die Wiese, auf der sie den Sieg beim Tjosten errungen hatte. Und jeden Tag traf sie mehr Menschen, die ihr zujubelten. Sogar die Soldaten des Königs klopften anerkennend mit ihren Schwertern auf die Schilder, wenn Johanna auf ihrem Schimmel vorbeigaloppierte. Sie erinnerte sich an die Worte von Jean de Metz: „Ihr bringt Hoffnung!"

Die Bäume zeigten schon zartes Grün, als der hagere Mönch endlich sein abschließendes Urteil verkündete. „Wir können kein Fehl an Euch finden. Wir haben dem König mitgeteilt, dass Euer Glauben fest ist und die katholische Kirche schmückt." Mit dem Daumen zeichnete er ein Kreuz auf Johannas Stirn, und zum ersten Mal blickten seine Augen fast freundlich. „Möge der Herr immer mit Euch sein!"

Noch am gleichen Nachmittag wurde Johanna zum König gerufen. Er saß auf seinem Thron, neben ihm stand Trémouille. Der Kanzler ergriff als Erster das Wort.

„Wir haben entschieden, dass Ihr nach Orléans reiten sollt. Die Stadt ist seit Monaten besetzt und leidet Hunger. Ihr werdet den Bewohnern der Stadt neuen Mut geben."

Johannas Herz klopfte laut. „Wann brechen wir auf?"

Trémouille sah sie mit abschätzigem Blick an. „Bis jetzt habt Ihr meinen Schneider abgelehnt. Er wird heute Nachmittag zu Euch kommen. Die Jungfrau von Lothringen sollte nicht aussehen wie ein Knappe in den abgelegten Kleidern seines Herrn."

Als Johanna widersprechen wollte, hob er die Hand. „Das ist keine Bitte, das ist ein Befehl. Und dieser Befehl geht noch weiter: Du wirst ein eigenes Banner tragen. Überlege dir, wie es aussehen soll und welche Farben du künftig tragen willst. Wir werden es nicht dulden, dass die Retterin Frankreichs in den Farben des Sire de Metz in den Kampf zieht. Außerdem wird Euch ein Waffenschmied besuchen. Ihr braucht eine Rüstung." Sein Mund verzog sich zu einem Lächeln, aber seine Augen blickten weiter kalt. „Wenn alle diese Vorbereitungen abgeschlossen sind, könnt Ihr nach Orléans ziehen." Er wedelte mit der Hand, als ob er eine Fliege verscheuchen wollte. „Ihr könnt Euch zurückziehen." Der Kanzler und der Thronfolger steckten wieder ihre Köpfe zusammen.

Johanna biss sich auf die Lippen. Eine Frage hatte sie noch. „Sire?", fragte sie mit fester Stimme.

Trémouille und der Prinz sahen auf, offensichtlich überrascht, dass dieses merkwürdige Mädchen immer noch vor ihnen stand.

„Ja?", knurrte Trémouille.

„Kann ich in meinem Heer nach Orléans Sire de Metz an meiner Seite haben?" Trémouille und Charles warfen sich einen kurzen Blick zu. Dann zuckte Trémouille mit den Schultern. „Wie Ihr es wünscht. Wir werden nach ihm schicken lassen."

Kurz nagte das schlechte Gewissen an Johanna. Durch ihre

Bitte wurde de Metz nun wieder von seiner Frau getrennt. Aber mit ihm an der Seite fühlte sie sich sicherer. Und sie freute sich darauf, ihn wiederzusehen.

Johanna nickte kurz, drehte sich um und rannte in den Stall. Sie musste unbedingt Uriel von den neuesten Entwicklungen erzählen und einen kurzen Ausritt mit ihm machen.

Als sie auf den Hof kam, stellte sie fest, dass ihre Neuigkeit offenbar schon dem gesamten Hof bekannt war. Die Soldaten begrüßten sie mit Hochrufen, einige fingen sogar an zu singen. Johanna konnte es nicht fassen, als sie erkannte, dass die Soldaten tatsächlich ein Lied auf sie gedichtet hatten.

„Das Mädchen aus Domremy,
bringt uns Siege wie nie!"

Johanna fing an zu lachen. „Langsam! Bis jetzt gibt es noch keinen einzigen Sieg."

Doch die Soldaten winkten ab und sangen weiter.

Johanna verschwand im Stall. Mit geübten Griffen sattelte sie den Schimmelhengst und ritt los. Schon in den Gassen von Chinon merkte sie, dass sich jetzt wirklich etwas verändert hatte: Die Menschen jubelten ihr zu, versuchten immer wieder, Uriel zu streicheln oder ihr Bein zu berühren.

Johanna war froh, als sie endlich freies Land erreichte und Uriel die Zügel lang lassen konnte. Der frische Frühlingswind blies ihr ins Gesicht, und der Druck der Erwartungen, der auf ihr lastete, rückte in den Hintergrund.

Das sollte nicht lange anhalten. Als sie mit Uriel nach Chinon zurückkehrte, tauchte vor den Stallungen ein kleines, schmales Männchen mit zusammengekniffenen Augen neben ihr auf. Sie kam nicht einmal dazu, abzusitzen, schon redete er eindringlich auf sie ein. Er sprach mit einem merkwürdigen Akzent.

„Das Banner! Welche Farbe soll das Banner haben? Und was soll Euer Wappen sein? Unter welchem Zeichen werdet Ihr in den Krieg ziehen?"

Johanna hatte sich noch keine Gedanken darüber gemacht. Sie mochte eigentlich die blau-schwarzen Farben von Jean de Metz. Nachdenklich zog sie die Stirn kraus. Rot? Viel zu blutrünstig. Gelb? Das trug jeder zweite Edelmann im Königreich. Grün? Man würde sie auf einer grünen Wiese kaum erkennen können …

Uriel schüttelte ungeduldig seine Mähne und wartete darauf, dass sie endlich abstieg. Johanna strich über sein strahlend weißes Fell, während sie dem Mann antwortete: „Ich denke, ein weißes Banner wäre angemessen." Sie dachte an ihr Amulett und redete weiter. „Auf das Banner soll der Erzengel Michael gestickt sein. Und auch die Jungfrau Maria. Sie werden uns im Kampf beschützen. Könnt ihr das für mich tun?"

Der Mann nickte. „Eure Bitte ist mir Befehl. Ihr könnt sicher sein, dass Ihr das schönste Banner Frankreichs tragen werdet." Er wollte sich schon verabschieden, als Johanna ihn zurückhielt.

„Mein Herr, darf ich fragen, woher Ihr kommt?"

Der kleine Mann sah sie verlegen an. „Ich bin Schotte. Mein Name ist Hamish Power. Aber ich bin auf Eurer Seite. Die Engländer sollen in ihrem eigenen Land bleiben. Weder Frankreich noch Schottland sollen den dreckigen Engländern ein Bett bieten …" Mit diesen Worten verschwand er.

Johanna sah ihm nachdenklich hinterher. Es stimmte, Frankreich war nicht ganz allein in dem Kampf gegen die Engländer.

Vielleicht sollte der König sich mehr um Verbündete bemühen und nicht bloß jeden Tag überflüssige Festbankette veranstalten.

Sie brachte Uriel in den Stall und putzte ihn gründlich. Nach wenigen Minuten tauchte der alte Plattner des Prinzen bei ihr auf. Er beobachtete sie neugierig und fragte dann ohne Umschweife: „Ich soll eine Rüstung für Euch erstellen. Habt Ihr so etwas schon einmal getragen? Könnt Ihr mit dem Gewicht umgehen?"

Johanna schüttelte den Kopf. „Ich fürchte, ich werde mich erst daran gewöhnen müssen."

Der Plattner lächelte beruhigend. „Das hat noch jeder der Adeligen gelernt. Was soll Eure Farbe sein?"

Jetzt war sich Johanna schon sicherer. „Weiß!"

Der Mann nickte zustimmend. „Die Farbe der Unschuld und des Himmels. Eine kluge Wahl, Johanna. Ich werde mir eine passende Rüstung ausdenken. Sie wird leicht sein, und Ihr werdet darin auffallen. Vertraut mir."

Johanna lächelte ihm zu. „Ich habe keine Zweifel, dass Ihr beste Arbeit abliefert."

Sie ging in ihr Zimmer. Sie fühlte sich benommen. Jetzt würde ihr Traum und ihr Versprechen also wahr werden. Es ging in die Schlacht, es ging nach Orléans!

13

Zwei Tage später schien die Sonne von einem wolkenlosen Himmel, Vögel sangen, und auf den Wiesen zeigten sich gelbe und weiße Blumen. Heute war der Tag des Aufbruchs, heute sollte ein Teil des Heeres mit Proviant für die belagerten Einwohner von Orléans aufbrechen.

In der Früh hatte Hamish Power Johanna das Banner gebracht. Bei der Morgenmesse hatte es der Mönch mit dem wackelnden Kopf gesegnet, jetzt flatterte es über ihr im Frühlingswind. Uriel trug heute das erste Mal nicht mehr die Farben des Hauses de Metz, sondern weiße Decken und Schabracken. So leuchtete er noch mehr, als er es ohnehin tat. Johanna sah unauffällig an sich herunter. Der Plattner hatte ihr eine Rüstung aus Silberblech gefertigt, die in der Morgensonne glänzte.

Die Ritter des Prinzen trugen dagegen geschwärzte Rüstungen. Sie rosteten nicht so schnell und zogen auch nicht den Blick des Feindes auf sich. Johannas Rüstung war das genaue Gegenteil. Sie schrie geradezu nach Aufmerksamkeit.

Johanna ließ ihre Augen über die versammelten Soldaten wandern. Der Erzengel hatte recht gehabt, als er sie nach Vaucouleurs und Chinon geschickte hatte. War es wirklich erst vier Monate her, dass sie barfuß im gefrorenen Matsch von Vaucouleurs herumgelaufen war? Jetzt fehlte nur noch einer an ihrer Seite.

Und der kam genau in diesem Augenblick auf den Hof getrabt. Johanna hätte am liebsten laut gejubelt beim Anblick des leuchtend roten Fuchses mit den blauen Decken. Jean de Metz hielt neben Johanna an. Er musterte ihre Rüstung, das Banner und die schneeweißen Decken. Dann nickte er zufrieden. „Ihr seid einen weiten Weg gekommen, Johanna von Domremy!" Und mehr zu sich selbst fügte er hinzu: „Und der Prinz und sein Kanzler haben dafür gesorgt, dass Euch jeder sehen kann!"

Johanna warf ihm einen unsicheren Blick zu. „Ist es zu auffällig?"

De Metz schüttelte den Kopf. „Was könnte jetzt noch zu auffällig sein? Ihr sollt dem Heer neuen Siegesmut geben, Ihr sollt das Heer anführen. Sie müssen Euch sehen können … Lasst uns aufbrechen."

Johanna hob die Hand, und die Wagen und Soldaten setzten sich in Bewegung. Ihr fiel der Abschied von Chinon leicht. Sie hatte wenig gute Erinnerungen an diesen Ort mit seinen misstrauischen Mönchen, den verlogenen Adeligen und dem hinterhältigen Kanzler. Je schneller sie diese Hofgesellschaft hinter sich ließ, desto besser.

Auf dem schmalen Weg entlang des Flusses trieb sie Uriel neben de Metz' Fuchs. „Danke, dass Ihr mich begleitet."

Der Soldat neigte den Kopf. „Es ist der Wunsch meines Prinzen. Ich habe ihm geschworen, dass ich seinen Befehlen immer Folge leisten werde."

Johannas Stimme war leise, als sie schuldbewusst antwortete: „Ja, aber das hat Prinz Charles nur auf meine Bitte hin getan. Ohne mich würdet Ihr immer noch glücklich auf Euren Ländereien weilen."

De Metz schüttelte den Kopf und lachte. „Nein. Der König hätte mich auf jeden Fall zurück an den Hof beordert. Und dann bin ich lieber mit Euch und den Soldaten unterwegs, als dass ich mir Schnabelschuhe anziehe und diesen lächerlichen Banketten beiwohne. Ihr habt mich gerettet!"

Jetzt war Johanna beruhigt. Und konnte endlich die Frage stellen, die sie seit Tagen mit sich herumtrug. „Sire, wir reiten jetzt nach Orléans, um der Bevölkerung Nahrung und Kleidung zu bringen. Wie aber bringen wir die Vorräte in die Stadt, wenn sie doch von den Engländern belagert wird?"

De Metz lächelte. „Johanna, Ihr habt wirklich keine Ahnung vom Kriegsgeschäft. Euer Erzengel wird Euch fest an die Hand nehmen müssen … Zu Eurer Frage: Wir kommen nicht in die Stadt. Aber wenn wir die Schlacht gewinnen, dann sollten wir auch Vorräte für die hungernde Bevölkerung dabeihaben, sonst haben die wenig von ihrer Befreiung. Der Proviant ist nur für den Fall des Sieges gedacht."

Johanna nickte. „Das heißt, es wird schon bald zu einem Kampf kommen?"

De Metz zuckte mit den Schultern. „Sieht ganz so aus. Ich kann mir nicht vorstellen, dass die Engländer von selbst aufgeben. Und Ihr werdet kaum unverrichteter Dinge wieder abziehen wollen. Bleibt also nur die Schlacht. Aber lasst uns von etwas Erfreulicherem reden. Erzählt mir von Euren Fortschritten mit Uriel. Und der Prüfung Eures Glaubens!" Ausführlich berichtete Johanna ihm von allem, was in den letzten Wochen passiert war. Der Tag im Sattel verging wie im Flug. Ehe sie sichs versah, war es Abend, und die Soldaten schlugen das Lager für die Nacht auf.

Johanna konnte in ihrem Zelt lange nicht einschlafen. Das laute und zu später Stunde immer betrunkenere Gelächter der Soldaten ging ihr auf die Nerven. Wie konnten Männer, die sich ohne Hemmungen in die Besinnungslosigkeit soffen, am nächsten Tag brauchbare Soldaten sein? Über diesen Gedanken schlief sie irgendwann doch ein. Aber als sie am nächsten Morgen die blutunterlaufenen Augen und die langsamen Bewegungen der Männer bemerkte, wurden ihre Zweifel größer.

Das sonnige Wetter blieb ihnen auf dem gesamten Weg nach Orléans erhalten. Der Frühling zeigte sich von seiner schönsten Seite, das Loiretal war lieblich und friedlich, und kein einziger Trupp Engländer kam ihnen in die Quere. Die Soldaten schoben das auf den göttlichen Beistand, den sie mit ihrer Jungfrau genossen. Johanna dagegen glaubte eher, dass die Engländer Orléans schon so sicher wähnten, dass sie die Überwachung der Wege in die Stadt nicht mehr für nötig hielten.

Völlig unbehelligt erreichten sie an einem späten Nachmittag im April das Lager des französischen Heeres. Offensichtlich hatte sie niemand erwartet.

Johanna ritt an der Spitze ihrer Soldaten zwischen den Zelten zu dem Ort, an dem sie die Heerführung vermutete.

Neugierig ließ sie ihre Blicke schweifen. So sah es also aus, wenn ein Heer in den Krieg zog. Die Zelte standen mehr oder weniger in Reih und Glied. Dazwischen waren Leinen gespannt, auf denen Beinlinge und Hemden zum Trocknen hingen. Vor den Zelten saßen die Männer und kochten an kleinen Feuern ihr Abendessen. Dabei tranken sie selbst gebrannten Schnaps. Von Waffen keine Spur.

Johanna sah genauer hin. Zwei würfelten, der Preis war offensichtlich ein junges Mädchen, das mit offenem Haar breit grinsend zwischen den Männern saß. Zwei andere lagen halb nackt im Gras und fochten einen Ringkampf aus, während ein Dutzend Männer um sie herumstanden und sie anfeuerten.

Johanna runzelte die Stirn. Endlich erreichte sie den kleinen Platz, auf dem das Zelt mit dem Wimpel des Kommandanten stand. Davor saß ein Hüne von Mann. Er hatte einen dichten Bart und lange Haare, die ihm verfilzt über den Rücken hingen. In jedem Arm hatte er ein Mädchen, ungefähr in Johannas Alter. Er lachte dröhnend. „Na, ihr Schönen? Wer von euch kommt in mein Zelt? Oder wollt ihr beide zu mir kommen?" Das langhaarige Ungeheuer sah erwartungsvoll in die Runde „Ihr könnt mit mir beten. Immerhin sollen wir bald den Beistand Gottes bekommen. Ich habe gehört, die heilige Jungfrau ist schon unterwegs."

Johanna presste zornig ihre Sporen in Uriels Seite. Der Schimmel sprang mit große Sätzen nach vorne, bevor sie ihn mit einer scharfen Parade wieder zum Halten brachte.

„So viel kann ich gar nicht beten, dass Gott einen Grund sehen würde, Euch zu helfen!", rief sie. „Ihr habt es verdient, eine Niederlage nach der anderen zu erleben, so wie Ihr euch aufführt. Ihr nennt die Engländer gottlos, aber wenn ich mich in diesem stinkenden Haufen hier umsehe, dann kann ich kaum einen Unterschied erkennen!"

Der Schwarzhaarige fuhr hoch und sah sie verdattert an. Sein Mund stand offen. Plötzlich begann eines der beiden Mädchen zu kichern. Die andere fiel ein, und eine Sekunde später fing auch der Mann wieder an, laut und dröhnend zu lachen.

„Sie ist da", brachte er mühsam heraus. „Und sie ist entsetzt.

Sie wollte Krieg führen, und jetzt riecht es nicht nur nach Weihrauch ..."

Endlich hörte er auf zu lachen. Mit einer Handbewegung schickte er die beiden Mädchen weg. Er sah ihnen bedauernd hinterher und machte dann einen Schritt auf Johanna und ihren tänzelnden Hengst zu. Seine Augen sahen aus wie glühende Kohlen, als er Johanna musterte. Weiter hinter entdeckte er Jean de Metz. Seine Stimme war kalt, als er jetzt zu reden begann.

„De Metz, Ihr wisst genau, dass diese Scharade mit der Jungfrau aus Lothringen nur die einfältigen Engländer erschrecken soll. Deswegen hat Trémouille sie so schön angezogen, deswegen darf sie jetzt Euer Pferd reiten. Könnt Ihr diesem Mädchen bitte beibringen, dass es sonst nichts zu melden hat? Nicht in meinem Heerlager!"

Johanna kochte vor Zorn. Er wagte es, über ihren Kopf hinweg mit de Metz über sie zu reden. Sie griff fester in die Zügel und sah den ungehobelten Typen von oben herab an.

„Darf ich wenigstens erfahren, wer Ihr seid? Und wo ist der Anführer von diesem ..." Sie machte eine verächtliche Handbewegung in die Runde, „... diesem Haufen hier?"

Wieder der bohrende Blick aus tief liegenden schwarzen Augen. Der Riese machte einen Schritt nach vorn und hielt Uriel am Zaumzeug fest. „Ihr fragt nach meinem Namen? Nach dem Kommandanten? Das bin ich. Man nennt mich La Hire. Und Frauen haben in meinem Heerlager nichts zu sagen. Sie dürfen für Zeitvertreib bei den Soldaten sorgen, sonst nichts."

Johanna schnappte nach Luft, obwohl sie verzweifelt versuchte, sich ihre Überraschung nicht anmerken zu lassen. Das war der berühmte La Hire? Er wurde von allen voller Hochachtung „der Zorn Gottes" genannt. Und er war der einzige Kommandant in Frankreich, der überhaupt hin und wieder mal einen Sieg errang. Wie mochte es dann in anderen Lagern dieser Art aussehen? Johanna griff nach ihrem Amulett, und ihr Zorn flammte erneut auf. Sie funkelte den Feldherrn an.

„Ihr seid also der, der sich ‚der Zorn Gottes' nennen lässt? Zornig mag Gott ja sein – aber wahrscheinlich eher über Euer Lager als über die Engländer! Ich habe den Auftrag, diesen Krieg im Namen des Herrn zu beenden. Aber in Eurem Lager würde ich mich schämen, den Namen des Herrn in den Mund zu nehmen." Sie holte tief Luft. „Wenn Ihr mich nur als Scharade benötigt, damit die Engländer vor einer alten, staubigen Prophezeiung Angst bekommen, dann könnt Ihr gerne eines der Mädchen aus dem Lager verkleiden. Meine Rüstung und mein Banner verleihe ich gerne." Sie musterte La Hire. Die nächsten Worte spuckte sie fast aus. „Aber wenn Ihr wirklich gewinnen wollt, mit Gottes Hilfe – dann solltet Ihr in diesem Lager etwas ändern, und zwar sofort!"

La Hires Gesicht blieb unbeweglich. Aber insgeheim musste er zugeben, dass dieses Mädchen mit ihrem weißen Banner, dem weißen Pferd und der silbernen Rüstung wahrhaftig wie ein Geschenk des Himmels aussah. Ihr Zorn dagegen erschien sehr menschlich. War diese Sache mit der Jungfrau womöglich doch mehr als nur ein Trick dieses unerträglichen Kanzlers? Warum schenkten ausgerechnet diesem Mädchen alle Gehör?

Ratlos sah er seinen alten Kampfgefährten Jean de Metz an. Aber auch der zuckte nur mit den Schultern und sagte: „Ihr solltet ihr besser glauben, La Hire!"

Der Kommandant atmete langsam aus.. „Und was soll ich Eurer Meinung nach verändern, damit mein Lager den himmlischen Heerscharen wieder gefällt?", fragte er. Ganz konnte er den Spott nicht aus seiner Stimme vertreiben.

Aber Johanna reichte, was sie gehört hatte. Sie saß ab, reichte Uriels Zügel einem Knappen – wofür sie sich insgeheim bei dem Schimmel entschuldigte – und zeigte ihr strahlendes Lächeln. „Das erkläre ich Euch gerne bei einem Becher verdünnten Weins. Der Ritt war staubig und lang!"

Noch am gleichen Abend ließ La Hire die Marketenderinnen aus dem Heerlager vertreiben. Sogar die beiden Mädchen, die er am Nachmittag noch großspurig in seinen Armen gehalten hatte, mussten ihr Bündel packen und verschwinden. Johanna bemerkte durchaus die hasserfüllten Blicke der jungen Frauen, denen sie die einzige Möglichkeit geraubt hatte, ihr Essen zu verdienen. Bei den Soldaten im Lager hatte sie sich mit dieser Aktion auch keine Freunde gemacht. Finstere Blicke trafen sie von allen Seiten. Und ihre Laune besserte sich kein bisschen, als La Hire auch noch verkündete, dass ab sofort kein Schnaps mehr im Lager geduldet wurde. Er hatte Johanna am Nachmittag immerhin überzeugt, dass Wein und dünnes Bier keine Gefahr für die Soldaten darstellte. „Wenn wir ihnen außer dem Schnaps und den Frauen auch noch Bier und Wein nehmen, werden sie uns nicht mehr folgen!" Das hatte Johanna eingesehen. Und La Hire schien recht zu behalten. Die Soldaten murrten und schimpften zwar, aber sie leisteten keinen Widerstand.

Später am Abend besuchte Johanna noch einmal Uriel in seinem Pferch. Sie war nicht überrascht, Jean de Metz bei den Pferden zu finden. Während sie die Tiere tränkten, fragte Johanna leise: „Warum hat er getan, um was ich ihn gebeten habe?"

Jean de Metz sah sie im Licht des Mondes an. „Er wagt es nicht, sich mit Gott anzulegen. Und es besteht ja doch die kleine Chance, dass Ihr die prophezeite Jungfrau seid, oder? Er hat Angst, dass er morgen vor seinen Schöpfer treten muss und dann das Gespött des ganzen Himmels ist."

Johanna musste lachen. „Das meint Ihr nicht ernst!"

Doch Jean de Metz stimmte nicht in ihr Lachen ein. „Denkt an meine Worte, wenn die erste Schlacht geschlagen ist. Für einen Soldaten ist der Tod immer näher als für alle anderen Menschen. Deshalb beschäftigt man sich eher mit dem Himmel." Nach einer kleinen Pause fügte er hinzu: „Und der Hölle."

In den nächsten Tagen zeigten Johannas Neuerungen Wirkung im Heereslager. Die Soldaten fingen wieder an, sich im Schwertkampf zu üben. Kämpfe zwischen Betrunkenen mitten in der Nacht gab es nicht mehr.

Nach ein paar Tagen gab La Hire zu, dass er überrascht von dem Erfolg war. Er stand gemeinsam mit Johanna und de Metz auf einem Hügel, der sich über das Flusstal erhob. Von hier hatten sie freien Blick auf Orléans. La Hire sah auf die belagerte Stadt hinab. Sein Kiefer mahlte. Schließlich sprach er weiter.

„Verehrte Johanna, die Soldaten üben, sind nüchtern und schlagen sich nicht mehr die Köpfe ein. Das ist schön. Aber wie will Gott jetzt den Sieg für Frankreich erringen? Eure Gebete alleine werden nicht reichen!"

Johanna schirmte ihre Augen mit der Hand ab und sah auf die Stadt. Nur noch vereinzelt stieg Rauch aus den Kaminen auf. Wo es nichts mehr zu essen gab, da musste auch kein Feuer im Herd brennen. Über die Loire führte eine breite Brücke, die Stadt lag auf der anderen Seite des Flusses. Auf der Seite des französischen Heeres befand sich ein Bollwerk, die Tourelles, das eigentlich zum Schutz der Stadt gedacht gewesen war. Unglücklicherweise hatten die Engländer sich darin verschanzt und damit sowohl die Stadt im Griff als auch eine starke Festung gegen die Franzosen. Johanna deutete auf die beiden runden Türme. „Wir müssen die Tourelles stürmen. Wer diese Türme besetzt, dem gehört die Stadt."

La Hire ließ sein raues Lachen ertönen. „Das dürfen die Engländer aber nicht wissen, oder? Dann hätten sie die Stadt ja schon in der Hand! Und Euch muss ich sagen: Die Tourelles sind die stärkste Bastion in der Linie der Engländer. Im Kriegshandwerk gilt es als große Dummheit, wenn man auf die Stärke seiner Gegner losgeht. Man sucht sich Schwachpunkte und attackiert dort." Er sah sie verächtlich an. „Vielleicht solltet Ihr doch zum Schafehüten zurückkehren? Ich nehme an, da habt Ihr mehr Verstand!"

Johanna überhörte die bissige Bemerkung. „Aber die Engländer denken doch wie Ihr: die Tourelles sind sicher, da werden die Franzosen nicht angreifen. Also könnten wir sie da überraschen!"

La Hire wendete sein Pferd und machte sich wieder auf den Weg zum Feldlager. Er würdigte Johannas Vorschlag nicht einmal einer Antwort. Zu Jean de Metz, der der Unterhaltung schweigend zugehört hatte, rief er: „Bringt Eurer jungfräulichen

Bauerngöre wenigstens die Grundbegriffe der Kriegsführung bei, bevor Ihr mich weiter mit ihrer Gegenwart quält. Könnt Ihr mir das versprechen?" Damit galoppierte er davon.

Johanna sah Jean de Metz Hilfe suchend an, aber der schüttelte nur den Kopf. „Er hat recht, Johanna. Es wäre Selbstmord, die Tourelles anzugreifen!"

„Aber …" Johanna brach mitten im Satz ab. Sie war sich sicher, dass ihre Idee gut war. Aber diese alten Kämpfer ließen sich nicht auf Neues ein. Sie blieben lieber bei ihren alten Strategien. Die brachten zwar keinen Erfolg, aber die waren „bewährt". Johanna drückte ihre Stiefel in Uriels Flanken. „Ich gebe ihm noch ein wenig Auslauf!", rief sie über die Schulter zu de Metz. Wenigstens beim Reiten war inzwischen niemand mehr der Meinung, dass sie keine Ahnung hatte …

14

Direkt neben Johanna ertönte ein lautes, metallisches Klirren. Sie setzte sich auf und lauschte mit klopfendem Herzen in die Dunkelheit. Trappelnde Pferdehufe, Männer, die sich mit heiseren Stimmen irgendetwas zuriefen. Wieder das Klirren. Offensichtlich zwei Schwerter, die im Kampf gegeneinanderschlugen. Jetzt war Johanna hellwach. Sie sprang von der schmalen Pritsche, auf der sie geschlafen hatte. In der Dunkelheit griff sie nach den Beinlingen und ihrem Wams, Augenblicke später stand sie in der ersten zarten Dämmerung des Tages vor ihrem Zelt. Sie erkannte sofort, was passiert war: Die Soldaten waren in die Schlacht gezogen. Ohne sie.

Johanna fluchte, bekreuzigte sich hastig und ohne großes Schuldbewusstsein. Sie rannte in das Zelt, das direkt neben ihrem stand. Sie sah auf die Pritsche. Leer. Jean de Metz war also auch in den Kampf gezogen. Johanna rannte zurück in ihr Zelt und zog mit fliegenden Händen ihre Rüstung an. Es war schon fast hell, als sie endlich fertig war. Trotz der schweren Rüstung lief sie so schnell wie möglich zu den Pferchen der Pferde. Uriel wieherte ihr aufgeregt zu. Die Spuren in seinem Pferch zeigten, dass er schon seit einiger Zeit auf und ab rannte.

Die Schlacht um Orléans hatte begonnen. Ohne Johanna. Ohne Uriel. Und beide waren wütend.

Johanna zwang sich dazu, den Hengst sorgfältig zu satteln.

De Metz hatte ihr bestimmt hundertmal gesagt, wie wichtig ein ordentlich gesatteltes Pferd in einer Schlacht war. Sie konnte ihn fast neben sich hören, während sie den Sattelgurt anzog. „Wenn du mit der Lanze zustichst und dein Sattel fängt an zu rutschen, dann kommst du unter die Hufe – und das war deine letzte Schlacht. Sei immer sorgfältig, wenn es um die Ausrüstung deines Pferdes geht!"

Also überprüfte sie noch einmal alle Gurte und Schnallen an Uriel, bevor sie ihm die schweren Decken überlegte, die ihn vor den Waffen der Engländer schützen sollten. Sie sah die Sonne über dem Horizont aufsteigen, als sie endlich in Uriels Sattel stieg. Ein Knappe drückte ihr das weiße Banner in die Hand, und endlich galoppierte sie los.

Nach einer halben Stunde näherte sie sich der Kampfzone. Offensichtlich hielt La Hire sich von den Tourelles fern. Johanna fluchte noch einmal leise. Dieser Idiot. Er versuchte sich an einem der vorgelagerten Bollwerke. Je näher sie kam, desto besser konnte sie die Lage überblicken: La Hire scheiterte in diesem Moment an einem kleinen, unbedeutenden Wachturm. Sie schrie ihren Zorn heraus, als ihr die ersten französischen Soldaten entgegenstolperten. Sie sahen müde und hoffnungslos aus. Waren sie etwa auf dem Rückzug?

„Los, kommt mit mir!", brüllte sie. „Die Schlacht ist erst verloren, wenn ich sie verloren gebe! Folgt mir!"

Und nach einem kurzen Zögern drehten die Soldaten sich tatsächlich um und rannten zurück zu den Kämpfen, die am Fuße des Bollwerks tobten. „Die Jungfrau kämpft mit uns!", riefen einige. Andere sahen nur das flatternde weiße Banner in Johannas Hand und warfen sich mit neuem Mut in die

Schlacht. Johanna lenkte ihren ganzen Zorn und ihre Trauer um Catherine in ihr Schwert und begann zu kämpfen. Sie sah klaffende Wunden, überraschte Gesichter, aufgerissene Münder. Leblose Körper und blicklose Augen. Sie hörte die Schreie der Verwundeten, die anfeuernden Rufe der Soldaten und die Stille um die Toten.

Johanna hatte jedes Gefühl für die Zeit verloren, als rings um sie die Soldaten anfingen zu jubeln. „Wir haben den Turm! Wir haben gesiegt!"

Einer stimmte das Lied aus Chinon an:
„Das Mädchen aus Domremy
Bringt uns Siege wie nie!"

Johanna zügelte Uriel und sah sich das erste Mal bewusst um. Das Lachen der französischen Soldaten. Blutige Flecken auf Uriels makellosem Fell. La Hire und Jean de Metz, die an ihrer Seite auftauchten.

La Hire nickte anerkennend. „Für eine Schafhirtin nicht schlecht!"

Johanna funkelte ihn zornig an. „Ihr wolltet die Schafhirtin ja lieber schlafen lassen, oder?" Sie deutete auf das Schlachtfeld. „Für einen völlig unbedeutenden Wachturm habt Ihr Menschenleben geopfert und nur mit Mühe gewonnen! Und da seid Ihr auch noch stolz drauf." Sie wartete die Antwort von La Hire nicht ab. Stattdessen wendete sie Uriel und ließ ihn im Schritt über das Feld gehen. Es war inzwischen heller Vormittag, kein gnädiger Morgennebel verbarg den schrecklichen Anblick, der sich ihr bot. Da lagen reglose Männer mit schrecklichen Wunden. Pferde ruhten still auf der Seite, sodass es schien, als ob sie nur schliefen.

Johanna griff nach ihrem Amulett. Das hing kühl und silbern um ihren Hals, es hatte keine Botschaft für sie.

Da hörte Johanna ein Stöhnen. Sie sah sich suchend um, bis sie unter einem Busch einen jungen Soldaten entdeckte. Sie sprang aus Uriels Sattel und kniete sich neben ihm nieder. Er öffnete die Augen und sah sie an.

„Die Jungfrau! Ihr seid bei mir! Euch hat der Himmel geschickt!"

Johanna fühlte sich im Augenblick nicht wirklich göttlich. Aber der Soldat griff nach ihrem Handgelenk und sah glücklich aus, als Johanna ihm mit der freien Hand über die Stirn strich. Der grobe Leinenstoff seines Waffenhemdes war über dem Bauch blutgetränkt. Ganz allmählich hörte er auf zu stöhnen. Er atmete langsamer – und hörte dann auf zu atmen. Er lächelte mit weit aufgerissenen Augen. Johanna schloss sie ihm mit einer vorsichtigen Bewegung und streichelte ihm weiter die Stirn, die allmählich kalt wurde.

Es war schon Nachmittag, als sie aufstand und sich umblickte. Fliegen summten zwischen den Toten. In einiger Entfernung graste Uriel, immer noch blutbefleckt und in voller Kriegsausrüstung. Johanna rief leise nach ihm. Der Hengst hob seinen Kopf und spitzte fragend die Ohren. Als Johanna ein zweites Mal nach ihm rief, kam er gehorsam zu ihr getrabt. Johanna verbarg ihr Gesicht in seiner Mähne.

„Das ist so schrecklich, so schrecklich …", murmelte sie und griff nach seinen Zügeln. So führte sie ihn zurück zu La Hires Feldlager. Auf dem Weg betete sie leise. Nicht nur Frankreich brauchte Frieden. Alle brauchten ihn – damit diese Schlachtfelder der Vergangenheit angehörten.

Als sie endlich ankam, hörte sie schon von fern die Gesänge der feiernden Soldaten. Johanna gelang es nicht, unbemerkt in das Lager kommen. Einer der Soldaten entdeckte sie, und kurz darauf ertönten Hochrufe und Jubelgesänge. Johanna winkte den Soldaten zu und verschwand schnell mit Uriel in Richtung der Pferche. Langsam nahm sie ihm die Decken, den Sattel und die Kandare ab. Dann wusch sie mit einem Schwamm das Blut aus seinem Fell. Er stand ganz still und schien es zu genießen, dass sie sich so sorgfältig um ihn kümmerte. Schließlich brachte sie ihn in seinen Pferch, gab ihm Wasser und Futter. Während er fraß, lehnte sie sich an seinen warmen, großen Körper. Die Tränen liefen ihr übers Gesicht. Was tat sie hier eigentlich? Sie sehnte sich nach den Wiesen von Domremy. Wehmütig dachte sie an den letzten Frühling. Die Suche nach dem Lamm, das dann weich und wollig in ihrem Nacken lag. Catherine in der kleinen Kapelle. Sie schluckte schwer. Catherine – sie war der Grund, warum sie hier vor Orléans stand. Sie erinnerte sich an Catherines strahlend blaue Augen. Ihr ernstes Gesicht, als sie betete. Die Blumen, die auf dem Altar für den Erzengel Michael lagen. Allmählich hörte Johanna auf, in Uriels Mähne zu schluchzen. Sein Geruch und seine Wärme beruhigten sie. Sie richtete sich auf und drehte sich um, während sie zum Abschied noch einmal über Uriels Flanke strich.

An einen Pfosten gelehnt, sah sie ein paar Meter entfernt eine große, schlanke Gestalt warten. Johanna erkannte sie sofort.

„Wie lange steht Ihr schon hier, Sire de Metz? Warum feiert Ihr nicht mit den anderen?"

Jean de Metz zuckte mit den Schultern. „Mir ist nach Schlachten nicht nach Feiern zumute. Zu viele mussten heute ihrem Schöpfer entgegentreten. Was gibt es da zu feiern?" Er musterte sie. „Was ist Euer nächster Plan?"

Johanna überlegte kurz. „Wir müssen morgen die Tourelles angreifen. Sie werden nicht mit uns rechnen! Dieser Krieg hier muss ein Ende nehmen. Bald!"

Diesmal widersprach de Metz nicht. Er nickte ihr zu. „Lasst uns zu La Hire gehen. Er wird heute eher auf Euch hören."

Gemeinsam liefen sie zum Zelt des Kommandanten. Schon von ferne hörten sie La Hires Stimme. „Keine Ahnung, was die Soldaten an dieser Johanna finden. Aber sie würden ihr bis in die Hölle folgen."

Er lachte, als Johanna und de Metz in sein Zelt traten. „Da ist ja auch schon unsere Heldin des Tages. Was kann ich für Euch tun? Heute habt Ihr einen Wunsch frei!"

„Greift morgen die Tourelles an!" Johannas Stimme klang fest und entschlossen. La Hire blieb das Lachen im Halse stecken. „Das meint Ihr nicht ernst!" Er musterte sie. „Doch, das meint Ihr wirklich. Die Tourelles. Morgen." Er rieb sich mit seiner breiten Hand über die Stirn. „Womöglich habt Ihr sogar recht. Wir würden die Engländer wirklich überraschen." La Hire winkte eine seiner Wachen zu sich. „Geht durch das Lager und sagt, dass wir morgen vor Sonnenaufgang die Tourelles angreifen werden. Sie sollen es mit dem Feiern heute nicht übertreiben."

Die Wache wandte sich schon zum Gehen, als La Hire sie noch einmal zurückhielt. Er sah Johanna in die Augen, als er weitersprach. „Und sagt den Soldaten, die Jungfrau wird sie führen."

Damit verschwand der Soldat. Johanna sah ihm hinterher.

Jetzt war es entschieden, morgen ging es um alles. Und sie würde dabei sein. So wie der Engel es ihr versprochen hatte. Sie griff nach ihrem Amulett und nickte La Hire und de Metz zu.

„Ich möchte alleine sein. Bitte verzeiht, wenn ich mich zurückziehe. Wir sehen uns morgen." In ihrem Zelt lag sie lange wach. Zwischen ihren Fingern spürte sie das Amulett. Sie war auf dem richtigen Weg, da war sie sich sicher.

Es war noch finstere Nacht, als Jean de Metz in Johannas Zelt kam, um sie zu wecken. „Es ist an der Zeit! Macht Euch fertig!", raunte er.

Diesmal stand ein Knappe bereit, um Johanna in ihre Rüstung zu helfen.

Die Soldaten begrüßten sie mit begeisterten Rufen, als sie aus dem Zelt trat. Gewissenhaft sattelte sie Uriel, der so frisch und munter wirkte, als habe er den Vortag nur auf der Weide verbracht. Schließlich schwang Johanna sich auf seinen Rücken, griff nach dem Banner, das der Knappe ihr reichte, und galoppierte direkt zu La Hire und Jean de Metz. Die Soldaten standen bereits in Formation und setzten sich auf einen Wink La Hires hin in Bewegung.

Es war noch dunkel, als der Ansturm auf die Tourelles begann.

Anfangs lief alles genau so, wie Johanna es sich erhofft hatte. Die Engländer hatten nur wenig Soldaten auf der Festung am Brückenkopf postiert. Aber im Laufe des Vormittags zogen sie ihre Kräfte auf den Türmen zusammen.

Johanna ritt unermüdlich vor den Mauern auf und ab und feuerte die Soldaten an, bis sie heiser war. Und als die Sonne

senkrecht über ihnen stand, legten sie endlich die ersten Sturm-
leitern an, eine Vorhut französischer Soldaten schickte sich an,
die Tourelles zu erobern. Johanna warf ihre Faust in den Himmel und zügelte zum ersten Mal an diesem Tag ihren Hengst.
„Jaaaaaa!"

In ihrer Begeisterung sah sie den sirrenden Pfeil nicht, den
ein englischer Bogenschütze genau auf sie abgeschossen hatte.
Seit Stunden hatte er auf den Moment gewartet, dass dieser ver-
dammte Schimmelhengst aufhörte, zu tänzeln und zu galoppieren.

Johanna jubelte noch immer, als sie einen Schlag an ihrer
Brust spürte und plötzlich jede Kraft in dem Arm verlor, der
das Banner trug. Sie konnte nichts dagegen tun, sie musste das
Banner einfach fallen lassen. Verwundert sah sie nach unten
und entdeckte den Pfeilschaft, der aus dem winzigen Spalt zwischen ihrem Brustpanzer und dem Schulterpanzer ragte. Erst
Sekunden später setzte der Schmerz ein. Sie krümmte sich im
Sattel von Uriel zusammen. Der Kampf um sie herum tobte
weiter, aber sie nahm nichts mehr davon wahr. Johanna merkte
nicht einmal, dass Uriel verwirrt stehen blieb und auf einen
Befehl von ihr wartete. Dann hörte er einen schrillen Pfiff. Erst
jetzt warf sich der Hengst herum und jagte aus dem Kampfge-
tümmel davon. In seinem Sattel verlor Johanna das Bewusstsein.

Als Erstes hörte sie die fernen Schreie vom Schlachtfeld. Blitzartig wurde sie wach. Warum lag sie hier und war nicht bei den
Soldaten? Hatte La Hire schon wieder „vergessen", sie zu wecken? Sie richtete sich hastig auf, als ihr ein brennender

Schmerz durch die Schulter fuhr. Stöhnend sank sie wieder auf ihr Lager. Hilfe suchend sah Johanna sich um. Jean de Metz stand neben ihr und sah sie besorgt an, neben ihm warteten ein paar Männer mit blutbespritzten Schürzen. Johanna kannte sie nicht, nahm aber an, dass das wohl die Bader des französischen Heeres waren. Sie sah an sich herunter. Man hatte ihr die Rüstung abgenommen, aber sie trug immer noch das wattierte Wams. Und in ihrer Brust, direkt neben dem Schultergelenk steckte immer noch der Pfeil. Stöhnend schloss Johanna die Augen.

„Er muss raus", murmelte sie.

De Metz beugte sich vor. „Was sagt Ihr?"

Johanna räusperte sich. „Raus! Zieht den verdammten Pfeil heraus!"

De Metz sah sich suchend nach den Ärzten um. Einer der beiden zuckte hilflos mit den Schultern. „Es wird sie umbringen", sagte er.

„Nein", knurrte Johanna, deren Bewusstsein immer klarer wurde. „Ich sterbe schon nicht, ich habe noch eine Aufgabe. Aber mit diesem Ding in meiner Schulter kann ich nicht wieder in die Schlacht reiten." Sie wurde lauter. „Zieht es raus!"

Die Ärzte sahen sich an. Schließlich begann der jüngere, das Wams aufzuschnüren. Darunter trug Johanna nur noch ein dünnes Hemd, das jetzt mit ihrem Blut vollgesogen war. Der Arzt schnitt es auf und legte es zur Seite. Jetzt lag Johanna mit bloßem Oberkörper auf ihrer Pritsche. Die Ärzte und Jean de Metz starrten sie an.

Der jüngere Arzt schluckte schwer. „Sie ist wirklich ein Mädchen!", sagte er schließlich.

Johanna schloss die Augen. „Ja. Und wenn Ihr jetzt so gut wärt und Euch wieder um den Pfeil kümmern könntet?"

De Metz trat nach vorne und schob ihr ein Lederstück zwischen die Zähne. „Beißt darauf. Es dauert nicht lange."

Damit nickte er den Ärzten zu und hielt Johanna an beiden Armen fest. Seine Hände waren wie Schraubstöcke. Der junge Arzt lehnte sich nach vorne, griff nach dem Pfeilschaft und zog mit einem Ruck daran. Johanna biss entsetzt auf das Leder, als der Schmerz wie ein Stromschlag durch ihren Körper raste. Sie wehrte sich gegen den Griff von de Metz, bäumte sich auf – und dann umfing sie eine gnädige Ohnmacht.

Es war schon fast Abend, als sie erneut aufwachte. Diesmal wusste sie sofort, was passiert war. Sie sah an sich herunter. Ihre Schulter und ihre Brust waren jetzt mit einem festen Verband aus Leinenstreifen bedeckt, der Schmerz war nur noch ein fernes Pochen. Sie trug ein frisches Hemd. Woher das wohl kam? Sie runzelte die Stirn.

In dieser Sekunde hörte sie wieder das Klirren der Schwerter vom nahe gelegenen Schlachtfeld. Der Kampf dauerte also immer noch an. Mühsam setzte sie sich auf. Kurz wurde ihr schwarz vor Augen, aber sie zwang sich, tief Luft zu holen.

Als sie wieder klar sehen konnte, stand sie auf. Stöhnend machte sie zwei Schritte und spähte aus dem Zelt heraus. Ein Soldat, der davorsaß, sah sie an, als sei ihm ein Gespenst erschienen.

„Ihr lebt?", brachte er schließlich stammelnd hervor.

„Ja." Johanna nickte. „Was passiert bei dem Kampf?"

Der Soldat schüttelte traurig den Kopf. „Wir glaubten, Ihr

seid tot. Wir haben Euer Banner nicht mehr gesehen, nirgends die silberne Rüstung. Seitdem befinden wir uns in einem Rückzugsgefecht." Er deutete auf seinen Oberschenkel, um den ein blutiges Tuch gewickelt war. „Aber die Verluste sind hoch. Wir können nicht mehr siegen. Nicht ohne die Jungfrau!"

Johanna schüttelte zornig den Kopf. „Aber die Jungfrau gibt es ja noch. Hier bin ich!" Sie sah sich um. „Ich brauche einen Knappen. Wo ist mein Pferd? Wo ist mein Banner? Wo ist de Metz?"

Der Soldat stand auf und humpelte zu ihr. „Ich kann Euch helfen. Ich kann vielleicht nicht mehr kämpfen, aber ich werde der Jungfrau wieder in den Sattel helfen."

Johanna nickte. Der verletzte Soldat legte ihr das wattierte Wams und die Rüstung mit den Blutflecken wieder an. Uriel war hinter dem Zelt angebunden, er trug immer noch seinen Sattel. Und zu Johannas Überraschung lehnte auch ihr Banner neben dem Zelt.

Johanna lächelte leicht. Irgendjemand musste es auf dem Schlachtfeld gefunden und zu ihr gebracht haben. Das sah eigentlich nur Jean de Metz ähnlich.

Der Soldat musste sie fast in den Sattel heben, so schwach war Johanna. Und es war ihr unmöglich, das Banner weiter in der rechten Hand zu halten. Sie nahm es in die linke Hand, legte die Zügel auf Uriels Hals und drückte ihm die Fersen in die Seiten. Der sensible Hengst ließ sich bestimmt auch ohne Zügel lenken.

Als Uriel in seinem schnellsten Galopp auf das Schlachtfeld zurückgaloppierte, wurde Johanna immer wieder schwarz vor Augen. Sie lehnte sich an die Rücklehne des Sattels und bemühte sich nach Kräften, auf dem Pferd zu bleiben. Das war alles, worauf es ankam. Schon bald sah sie die ersten kämpfenden Soldaten. Sie wirkten müde und verzweifelt – bis sie Johanna sahen, die wieder auf die Tourelles zuritt.

Johanna hörte, wie sie anfingen zu rufen.

„Sie ist nicht tot! Die Jungfrau lebt! Und sie wird uns den Sieg schenken!"

Wie schon am Vortag schien alleine ihre Gegenwart auszureichen, um den Soldaten neuen Kampfesmut zu geben. In ihrem Schlepptau kämpften sie sich wieder zu dem Brückenkopf vor – und in der letzten Dämmerung erklommen tatsächlich erneut französische Soldaten die Mauern des Bollwerks. Die ersten Sterne glitzerten am Himmel, als die Flagge mit dem Wappen des Prinzen auf den Tourelles gehisst wurde. Die Engländer waren besiegt. Und sie wussten: Wer die Tourelles beherrschte, der beherrschte die Stadt.

Der Feind floh. Ob zu Fuß oder mit Pferden: Die Engländer verließen Hals über Kopf die Stadt. Während die Soldaten jubelnd durch die Straßen von Orléans zogen, ritt Johanna erschöpft im Schritt zurück zum Feldlager. Ihre Wunde schmerzte fürchterlich bei jeder Bewegung und pochte in einem fort. Mühselig ließ sie sich von Uriel gleiten und wäre fast zusammengebrochen – als zwei Arme sich um sie schlangen und sie stützten. Jean de Metz.

Johanna versuchte ein müdes Lächeln. „Ihr seid heute immer da, wenn ich Euch brauche."

De Metz nickte. „Ja, aber Ihr wart heute auch immer da, wo Frankreich Euch brauchte. Jetzt solltet Ihr Euch ausruhen." Damit hob er Johanna auf beide Arme und trug sie in ihr Zelt.

Vorsichtig legte er sie auf die Pritsche. Er half ihr dabei, die Rüstung und das Wams abzulegen. Johanna fingerte verlegen an dem Hemd herum. „Danke. Ich nehme an, Ihr habt mir heute das Hemd gegeben und angezogen?"

Jean de Metz nickte. „Es schien mir unziemlich, Euch mit nacktem Oberkörper liegen zu lassen." Er zögerte, bevor er weiterredete. „Nennt mich Jean, ich bitte Euch."

Johanna wurde rot. „Nur wenn du mich Johanna nennst." Sie lachten einen Moment gemeinsam, bis Johanna wieder ernst wurde.

„Wie bin ich eigentlich vom Schlachtfeld zurück ins Zelt gekommen? Ich kann mich nicht erinnern."

„Ich habe Uriel beigebracht, auf einen Pfiff hin zu mir zu kommen. Das habe ich zwar seit Monaten nicht mehr geübt – aber ich habe es einfach ausprobiert, als ich gesehen habe, dass du im Sattel zusammengesunken bist. Und Uriel hat mich gehört und ist zu mir gekommen!"

„Ein unglaubliches Pferd." Johanna lächelte versonnen. „Seit heute bin ich mir auch sicher, dass diese Babieca-Legende stimmt. Uriel hat auch heute Abend alles allein gemacht – genauso wie sein Urahn damals mit dem El Cid."

De Metz grinste. „Mit dem kleinen Unterschied, dass du noch gelebt hast."

Johanna zog eine Grimasse. „Aber ich habe ihn nicht besser gelenkt als ein Toter. Ich habe nur das Banner gehalten und gehofft, dass das reicht, um den Soldaten neuen Mut zu geben." Sie sah ihn forschend an. „Du warst es auch, der das Banner vom Schlachtfeld geholt hat, oder?"

Wieder zuckte de Metz verlegen mit den Schultern. „Es erschien mir nicht richtig, es im Staub liegen zu lassen. Immerhin sind der Erzengel und die Jungfrau Maria darauf abgebildet."

„Es war richtig, genau richtig", murmelte Johanna schläfrig. Plötzlich war sie unglaublich müde. „Aber jetzt muss ich …" Sie schaffte es nicht, den Satz zu beenden. Sie war eingeschlafen.

Jean de Metz betrachtete sie eine Weile, dann zog er eine Wolldecke über sie und verließ leise das Zelt.

15

Die Menge drängte sich dicht um Johanna. Hände reckten sich ihr entgegen. Junge, alte, die meisten schmutzig. Uriel rollte mit den Augen, als die begeistert schreiende Menge immer näher rückte. Er fing an zu tänzeln, schnaubte und schüttelte seine Mähne.

Johanna streichelte ihm beruhigend über den Hals. Sie drehte sich im Sattel um und sah sich nach de Metz um. Der junge Soldat ritt direkt hinter ihr.

„Das ist unglaublich!", murmelte sie.

De Metz schüttelte den Kopf. „Ist es nicht. Du hast die Stadt befreit, und jetzt bringst du auch noch Essen. Kein Wunder, dass sie dich lieben."

Die Gassen von Orléans waren eng, und die gesamte Bevölkerung der Stadt schien sich in ihnen versammelt zu haben, um Johanna und Uriel zu feiern. Jeder wollte ihren weißen Umhang oder wenigstens Uriels Fell berühren.

La Hire und Jean de Metz ritten rechts und links von Johanna, aber sie wurden immer wieder von der Menge abgedrängt. Eine magere Frau mit schlohweißem Haar hielt Uriel am Zügel fest. Mit leuchtenden Augen sah sie zu Johanna auf. „Bete für mich, Jungfrau!", rief sie immer wieder mit überschnappender Stimme.

Johanna versuchte ein Lächeln, aber sie war dankbar, als Uriel senkrecht stieg und die Frau damit zwang, die Zügel loszulassen.

Endlich erreichten sie den Platz, an dem die mächtige Heiligkreuz-Kathedrale aufragte. Johanna betrachtete ehrfürchtig die Fassade mit den Türmchen und Verzierungen. Die spitzen Torbögen schienen bis in den Himmel zu reichen.

Sie ließ sich aus Uriels Sattel gleiten und betrat das ruhige Halbdunkel im Innern der Kathedrale. Die Rufe der jubelnden Menge waren hier nur noch leise zu hören. Sie kniete sich vor dem Altar nieder und griff nach ihrem Amulett. Aber auch jetzt sprach der Erzengel nicht zu ihr. Keine Stimme, die ihr irgendeinen Hinweis für die nächsten Tage gab. Endlich erhob sie sich.

Die Stadt war erobert. Jetzt wurde Prinz Charles zum König gekrönt. Sie musste zurück nach Chinon, an den Hof des Prinzen. Sie schauderte innerlich, wenn sie an den Mönch mit dem wackelnden Kopf, den dicken Trémouille und die Mutter des Prinzen mit den kalten Augen dachte. Aber es half nichts. „Wir müssen zurück nach Chinon. Noch heute!" ‚wisperte sie Jean de Metz während dem Dankgottesdienst leise ins Ohr.

Jean nickte. „Ich weiß. Deine Aufgabe hier ist erledigt."

Sie blieben noch einen Tag in der Stadt, denn der Bürgermeister wollte unbedingt ein Festbankett für die Befreierin der Stadt geben. Johanna kam sich wie ein tumber Festochse vor, als sie am Abend an der großen Tafel saß. Alle starrten sie an, gafften und jubelten – aber keiner wagte es, das Wort an sie zu richten. Und La Hire und Jean de Metz saßen an einem Tisch am Ende des großen Raumes, weit von ihr entfernt. Ihre Wunde an der Schulter und die Mundwinkel schmerzten ihr vom ständigen Lächeln. Sie wollte nur noch schlafen. Und dann weiter mit Uriel für die Freiheit Frankreichs kämpfen. Doch es wurde spät in der Nacht, bis die wichtigen Menschen von Orléans sie endlich entließen.

Am nächsten Morgen erwachte Johanna zum ersten Mal seit Wochen in einem richtigen Bett mit weichen Decken. Die Waschschüssel war mit Wasser gefüllt, auf dem Tisch stand Brot für sie bereit. Johanna sprang auf, spritzte sich ein wenig kaltes Wasser ins Gesicht, zog sich ein dunkelgrünes Wams und einfache Beinlinge an und rannte auf dem schnellsten Weg in den Stall. Das Brot kaute sie im Laufen.

Sie schob die Stalltüre auf und atmete tief den vertrauten Geruch der großen Tiere ein. Aus einem Unterstand in der Ecke hörte sie das tiefe Wiehern von Uriel. Sie hatte sich gestern nicht selber um ihn kümmern können, aber er schien nicht nachtragend zu sein. Er durchsuchte ihre Taschen nach einer Leckerei und ließ sich genüsslich unter seiner Mähne kraulen. Johanna genoss den Augenblick. Da hörte sie, wie die Stalltüre sich erneut öffnete.

Jean trat neben sie.

„Heute nach Chinon?", fragte sie ihn lächelnd.

„Ja. Wir sollten in ein paar Tagen beim Prinzen sein. Aber mach dich auf etwas gefasst. Das Volk sieht in dir eine Heilige. Sie sind sich sicher: Du bist die Jungfrau aus der Prophezeiung!"

Johanna sah ihn mit unschuldigem Augenaufschlag an. „Dabei habe ich das doch nur gesagt, damit ihr mir überhaupt zuhört …"

Jean de Metz begann zu lachen. „Das spielt jetzt keine Rolle mehr. Du wirst es auf dem Weg nach Chinon noch sehr oft hören!"

Sie brachen am späten Vormittag auf, und Jean sollte recht behalten. In jedem Dorf säumten Menschen die Straßen, die Johanna zujubelten. Die Soldaten sangen das Lied über das Mädchen aus Domremy. Täglich erfanden sie neue Strophen. Wenn Johanna an einer Kirche vorbeiritt, läuteten die Pfarrer die Kirchenglocken.

Der Frühling war in einen herrlichen Frühsommer übergegangen. Die Felder waren saftig und grün, und Johanna dachte nur noch selten an ihren ersten Ritt nach Chinon, als sie mit Schnee kämpfen musste. Ihre Wunde heilte schnell, und als sie in Chinon einritten, konnte sie das Banner schon wieder in der rechten Hand halten.

Diesmal erfüllte sie keine Ehrfurcht, als sie die weißen Mauern des Schlosses vor sich sah. Sie empfand eher Abneigung gegenüber diesem Hof, der sich hier seit Monaten versteckte, während vor den Mauern der Krieg tobte.

Im Hof standen Prinz Charles und sein Kanzler, um sie zu empfangen. Johanna sprang von Uriels Rücken und kniete sich vor dem Prinzen nieder. Auf ein Zeichen von ihm hin erhob sie sich. „Mein Prinz, Orléans ist wieder in französischer Hand. Jetzt müsst Ihr endlich den Titel einfordern, der Euch seit Eurer Geburt zusteht. Setzt ein Zeichen! Lasst Euch krönen! In Reims!"

Noch bevor der Prinz auch nur einen Ton sagen konnte, mischte sich Trémouille ein. „Verehrte Johanna. Wir sind sehr dankbar für das, was Ihr für unser Land und den Prinzen getan habt. Aber jetzt wollen wir nichts überstürzen. Lasst uns den Sieg feiern, den Tag genießen."

Johanna holte schon Luft, um ihm lautstark zu widersprechen, als Jean ihr in die Seite stieß. Sie sah kurz zu ihm hinüber, er schüttelte sachte den Kopf. Also biss sie sich auf die Zunge und neigte nur den Kopf. Sie hoffte, dass diese Geste als Gehorsam verstanden wurde.

Als sie wenig später die Pferde absattelten, konnte sie sich nicht mehr beherrschen. „Das ist doch Blödsinn! Die Engländer sind jetzt verwirrt, sie haben das erste Mal seit Jahren eine Schlacht verloren. Warum sollten wir ihnen Zeit lassen? Sie sammeln nur ihre Kräfte und sind wachsamer als je zuvor!"

De Metz schüttelte den Kopf. „Trotzdem kannst du dem Kanzler nicht vor versammeltem Hof widersprechen. Er kann sich mit deiner Anwesenheit am Hof sowieso nur schwer abfinden. Trémouille hat Angst vor deinem Einfluss auf den König!"

Johanna schnaubte. „Ich wünschte, ich hätte diesen Einfluss wirklich! Aber der König sieht mich nur verständnislos an."

„Pssst!", zischte Jean de Metz. „Deine Zunge bringt dich noch auf den Scheiterhaufen. Du musst endlich lernen, dass du nicht alles sagen kannst, was du denkst!"

Johanna zerrte wütend an einer widerspenstigen Schnalle, die sich nicht öffnen wollte. Uriel sah sie nervös an und schnaubte.

„Ich habe nicht ewig Zeit, um meinen Kampf zu gewinnen. An jedem Tag, an dem der Krieg noch in Frankreich wütet, sterben Menschen. Das muss ein Ende haben. So schnell wie möglich!"

Uriel begann an seiner Kette zu zerren. Erst jetzt merkte Johanna, dass sie den Hengst mit ihrem Zorn aufregte. Sie atmete tief durch und streichelte ihm über die Nase, bis er endlich seinen Kopf wieder senkte. Entschuldigend lächelte sie Jean an. „Aber ich sollte wohl wirklich lernen, mich zu beherrschen."

Einige Tage später hatte Johanna die Hofgesellschaft in Chinon gründlich satt. Trémouille hatte ihr mit besten Wünschen Kleidung aus Samt und feiner Wolle geschickt. „Wenn Ihr schon Männerkleidung tragen wollt, dann sollte es wenigstens Männerkleidung sein, wie sie Euch zusteht!", hatte er sie angeknurrt. Johanna war dankbar, dass der Schneider bei ihr wenigstens auf eine bunte Schamkapsel verzichtet hatte. Trémouille sandte ihr auch ein Paar alberner Schnabelschuhe. Aber die blieben unbenutzt in einer Ecke von Johannas Kammer liegen. Ebenso wie die Haube, die ihr eine wohlmeinende Dame gebracht hatte.

„So kann man Euer Haar nicht sehen", hatte sie geflüstert. Johanna hatte laut gelacht. „Ich habe sowieso nicht mehr viele Haare, da ist nicht viel zu verbergen."

Die Dame hatte verstört auf Johannas kurze Haare gesehen, die sich weiterhin weigerten, der Schwerkraft nachzugeben. Abend für Abend saß Johanna neben dem Prinzen beim Festbankett. Aber Trémouille achtete eifersüchtig darauf, dass sie kein unbeobachtetes Wort mit ihm wechselte. Er schien tatsächlich Angst vor ihrem Einfluss zu haben. In Johanna reifte allmählich ein Plan.

Sie wartete auf die nächste Morgenmesse, bei der Trémouille immer mit schwerem Kopf erschien. Seine Intrigen, die er jeden Abend bei ungezählten Krügen Wein spann, forderten hier ihren Tribut. Er war müde und schlief während den langen Gebeten der Mönche immer wieder ein. Und er war nicht so wachsam, wenn es um seinen geliebten Prinzen ging.

Johanna passte den Moment ab, in dem der Prinz nach der Messe alleine vor dem Altar stand, während sich die Hofgesell-

173

schaft zu ihrem Frühstück aufmachte. Leise sprach sie ihn an. Sie wollte Trémouille nicht wecken, der gerade in seiner Bank vom Schlaf übermannt worden war. „Kann ich Euch sprechen, mein Prinz?"

Charles warf einen nervösen Blick auf seinen Kanzler. Der schnarchte laut auf und schlief dann weiter. „Jederzeit, liebe Johanna. Jederzeit", murmelte er.

Johanna sah Charles möglichst unbefangen an. „Jetzt, mein Prinz?"

Sie wusste, dass Charles nie zugeben würde, dass er sehnsüchtig auf Trémouilles Erwachen wartete. Er sah noch einmal Hilfe suchend zu seinem Kanzler und lächelte dann unsicher. „Sicher."

Johanna ging in die kleine Sakristei neben dem Altar und hoffte, dass Charles ihr folgte. Sie hatte ihn richtig eingeschätzt. Er lief hinter ihr her wie ein Lamm. Johanna schloss die schwere Türe und war mit dem Prinzen zum ersten Mal seit ihrem denkwürdigen ersten Auftritt in Chinon allein.

„Mein Prinz, mein Engel hat mir verkündet, dass es jetzt an der Zeit ist, Eure Krone einzufordern." Johanna bemühte sich um eine gelassene Miene. Ihr Amulett hatte zwar schon lange nicht mehr zu ihr gesprochen, aber vielleicht konnte sie mit dieser Behauptung ihrer Forderung mehr Nachdruck verleihen. So wie damals in der Jungfrau-Frage.

Der Prinz riss seine Augen auf. „Der Erzengel Michael?"

„Genau." Johanna nickte. „Die Krone ist Euer rechtmäßiges Erbe. Wenn Ihr sie ergreift, dann wissen auch die Engländer, dass sie Euch ernst nehmen müssen. Nur so könnt Ihr Euren Anspruch für alle sichtbar machen!"

Der Prinz sah nervös zur Tür. Er schien jede Sekunde damit zu rechnen, dass Trémouille hereinstürmte

„Aber …", stammelte er. Dann riss er sich zusammen. „Mit der Krönung würde ich womöglich den Hass der Engländer auf mich ziehen. Sie würden einen neuen Angriff starten!"

Johanna zwang sich, ruhig zu bleiben. „Mein Prinz, Ihr steht bereits im Krieg gegen die Engländer. Ihr habt gerade eine Schlacht gewonnen. Die Engländer werden Euch nicht gewogen sein, egal, was Ihr plant."

Die Schultern von Charles sackten noch mehr nach unten. „Meint Ihr?", fragte er mit leiser Stimme.

„Der Engel ist sich sicher. Und hatte er bisher jemals unrecht? Ich habe Euch gesagt, dass ich Euch einen Sieg schenken werde, und ich hatte recht." Johanna sah ihn eindringlich an.

Das Interesse von Prinz Charles schien geweckt zu sein. „Die Krone? Wirklich?"

Johanna nickte nachdrücklich. „Aber es muss bald sein. Lasst den Sommer nicht verstreichen!"

Der künftige König von Frankreich schien noch zu zögern. „Wenn der Erzengel das wünscht, dann soll es wohl so sein …" Er gab sich einen Ruck und redete mit fester Stimme weiter. „Ich könnte schon heute Nachmittag den Befehl zur Abreise nach Reims geben." Er lächelte selbstverliebt. „Denn wenn ich mich krönen lasse, dann nur in der alten Krönungskirche in Reims. Ein anderer Ort kommt nicht in Frage!"

Johanna lächelte ihn ermutigend an. Die Hauptsache war, dass ihr Sieg in Orléans für weitere Schritte in Richtung Frieden sorgte. Mit einem König an ihrer Spitze würden die Soldaten auch die letzten Engländer aus Frankreich vertreiben.

Prinz Charles schien sich von Sekunde zu Sekunde mehr für die Krönung in Reims zu erwärmen. „Das werde ich tun. Ich werde das Krönungsornat meines Vaters wählen. Ob noch etwas vom Öl des Chlodwig übrig ist?"

„Bestimmt", beruhigte Johanna ihn. Sie hatte schon gehört, dass das Öl des Chlodwig als unerlässlich für eine Krönung galt. Es wurde in Reims aufbewahrt, und sie konnte nur beten, dass noch ein paar Tröpfchen davon vorhanden waren. Aber jetzt musste sie zunächst aus dieser Sakristei schlüpfen, ohne dass Trémouille merkte, wie sie sich an seinen Schützling herangemacht hatte.

Sie lächelte den Thronerben entschuldigend an. „Ich muss jetzt leider zu den Soldaten. Ein wenig Übung schadet mir nicht, bestimmt kann ich bald neue Schlachten zu Eurem Ruhm schlagen – wenn Ihr König seid."

Der Thronerbe hörte ihr nicht mehr richtig zu. Verträumt sah er vor sich hin. „Wenn ich König Charles VII. bin."

Johanna grinste, als sie sich wieder zurück in die Kirche schlich. Trémouille schlief zum Glück immer noch.

Sie lief zu den Stallungen. Uriel wieherte ihr laut entgegen. Er fand anscheinend auch keinen Gefallen an dem Leben auf dem Hof. Johanna sattelte ihn und schwang sich auf seinen Rücken. Sie wollte allein sein. Im flotten Trab verließ sie den Hof. Kaum hatte sie den breiten Uferweg erreicht, fiel Uriel in seinen wiegenden Galopp. Johanna schloss die Augen und fühlte, wie der Wind ihr über das Gesicht strich. Ganz allmählich merkte sie, wie die Anspannung aus ihrem Körper wich. Vielleicht würde der Krieg durch die Krönung wirklich noch in diesem Jahr enden. Dann konnte sie sich mit Uriel irgendwohin zurückziehen und ihren Frieden finden. Wo das sein sollte? Sie hatte keine Ahnung. Nach Domremy passte sie nicht mehr. An den Hof des Königs hatte sie nie gewollt. Jean de Metz war bereits vermählt. Sie strich über Uriels Hals, der weiter über den Uferweg galoppierte und seine Freiheit genoss. „Egal, wo es sein wird, dich gebe ich nicht mehr her!", flüsterte sie.

Als sie zwei Stunden später wieder zum Schloss zurückkehrte, fand sie alle Bediensteten in heller Aufregung. Der Prinz hatte den Befehl zum Aufbruch gegeben. In wenigen Tagen sollte der gesamte Hofstaat nach Reims ziehen – zur Krönung des Prinzen. Johanna lächelte froh, als sie Uriel den Sattel abnahm. Ihre gute Laune bekam erst einen Dämpfer, als sie am Nachmittag Trémouille sah. Er beobachtete sie mit finsterer Miene. Johanna wusste: jetzt hatte sie einen Feind. Einen gefährlichen und mächtigen dazu.

16

Die Weizenfelder wiegten sich im Wind, während sich der endlose Zug des Prinzen von Frankreich über die staubigen Wege quälte. Johanna ritt mit den Kriegshelden La Hire und Jean de Metz direkt hinter Prinz Charles und Trémouille. Uriel tänzelte leichtfüßig dahin, und Johanna genoss die Sonne in ihrem Gesicht. Frankreich wirkte friedlich und verschlafen an diesen Sommertagen.

Die Abreise nach Reims hatte sich doch noch verzögert, wertvolle Wochen waren verstrichen – aber jetzt war es endlich soweit. Seit dem frühen Morgen waren sie unterwegs zur Krönungskirche. Selbst der fette Kanzler hatte das nicht verhindern können.

Sie ritten an einem Feld vorbei, auf dem Knechte und Mägde das Heu wendeten. Sie sahen den Tross interessiert an und erkannten dann, wer da an ihnen vorbeiritt. Johanna hörte, wie sie anfingen zu singen.

„Das Mädchen aus Domremy …"

Charles lauschte und fragte dann seine Begleiter: „Was singen diese Leute da? Ich kann sie nicht verstehen!"

„Sie jubeln Euch zu!", sagte Johanna rasch. „Sie besingen Eure Siege, die noch kommen werden."

Trémouille sah sie mit gerunzelter Stirn an. Offensichtlich hatte er genau verstanden, was diese Bauern gesungen hatten.

Sie jubelten nicht dem Prinzen zu, sondern dem Mädchen mit dem weißen Banner, das direkt hinter ihm ritt.

Während der ersten Mittagspause wiederholte sich die Szene. Die Wirtin des kleinen Gasthofes kniete zwar vor Charles nieder. Aber sie kniete ebenso vor Johanna und griff nach ihrer Hand. „Betet für mich, Jungfrau! Ich habe einen Sohn in diesem Krieg verloren. Betet für seine Seele. Und für Frieden, damit ich keinen weiteren Sohn opfern muss."

Johanna versuchte, ihr die Hand zu entziehen. „Eure Gebete sind so gut wie meine", flüsterte sie leise.

Aber die Frau verstärkte ihren Griff nur. „Nein. Der Erzengel Michael ist mit Euch. Ihr seid eine Heilige!"

„Das bin ich nicht", wehrte Johanna erschrocken ab. „Das dürft Ihr nicht einmal denken. Ich bin nur eine einfache Dienerin des Herrn."

Doch die Frau gab nicht auf. „Segnet mich!"

Johanna sah verlegen auf den Boden. Aber die Frau ließ sie nicht gehen, bis Johanna endlich mit dem Daumen ein kleines Kreuzzeichen auf ihre Stirn malte.

Als sie danach in die Runde sah, bemerkte sie die Blicke von Charles und Trémouille. Es waren böse Blicke.

Ähnliche Szenen wiederholten sich auf dem Weg nach Reims immer wieder. Handwerker, Bauern, Fuhrleute; wer auch immer den Zug nach Reims zu Gesicht bekam, fing an zu jubeln. Und immer ging es um die heilige Johanna, die mit göttlicher Hilfe den Sieg in Orléans errungen hatte. Das Gesicht von Prinz Charles wurde von Tag zu Tag länger, die Miene des Kanzlers grimmiger.

„Die beiden haben Angst vor dir", erklärte ihr Jean de Metz

an einem Abend, an dem sie ausnahmsweise allein an einem Brunnen ein wenig Ruhe fanden.

„Aber ich kann doch nichts dafür!", antwortete Johanna verzweifelt. „Ich kann den Menschen doch nicht vorschreiben, wem sie zujubeln sollen. Oder was sie singen sollen."

Jean zuckte mit den Schultern. „Ich weiß. Trémouille ist es gewohnt, dass man sich Zuneigung kaufen kann. Oder Treue. Und diese Leute lieben dich einfach dafür, dass du keine Ziele für dich selbst verfolgst. Du willst Frieden für dieses Land, damit es allen besser geht, und das spüren sie."

„Was kann ich tun? Ist es denn etwas Schlechtes, wenn ich nicht nur an mich denke?"

Der Soldat strich seine langen Haare nachdenklich aus dem Gesicht. „Nein. Es ist nichts Schlechtes. Aber die Menschen lieben dich – und Liebe ist eine gewaltige Macht." Er sah Johanna aus seinen tiefblauen Augen an. „Vor dieser Macht fürchten sich Menschen wie Trémouille und Charles. Sie können sie nicht steuern. Nimm dich in Acht, Johanna …"

Endlich war der Tag der Krönung gekommen. Der König und seine Gefolgschaft hatten schon seit einer Woche in der Stadt geweilt, um die letzten Vorbereitungen für die Zeremonie zu treffen. Auf Anraten von Jean de Metz ließ Johanna sich in dieser Zeit nicht in der Stadt blicken. Sie wollte dem König nicht täglich vorführen, dass sie umjubelt und geliebt wurde – während die Stadtbewohner mit dem blassen Prinzen nicht viel anfangen konnten.

Aber heute sollte aus Prinz Charles endlich König Charles VII. werden.

Der Tag begann mit einer Prozession durch die Stadt. Johanna sollte direkt hinter dem König reiten. Sie schwang sich in ihrer silbern glänzenden Rüstung auf Uriel und nahm das Banner fest in die Hand. Uriel hatte in den letzten Tagen viel zu wenig Bewegung gehabt und tänzelte aufgeregt auf der Stelle. Johanna legte ihm die Hand auf den Hals. „Nur noch dieser Tag, dann machen wir wieder einen Ausritt. Versprochen!", murmelte sie.

Uriel schien sie nicht zu verstehen. Er sah sich aufgeregt um und kaute schäumend auf seinem Gebiss.

Johanna lenkte ihn vorsichtig hinter den König und reihte sich in die Prozession ein. Neben dem König ritt natürlich sein Kanzler Trémouille, der mit ausdruckslosem Gesicht die Menge musterte.

Sie setzten sich in Bewegung. In der Sekunde, als Johanna vor dem Volk erschien, wurden die Jubelrufe laut. Die wenigen, vereinzelten Hochrufe für den Prinzen gingen in den Gesängen und dem begeisterten Applaus für Johanna unter. Hinter dem Prinzen mit seinem purpurnen Krönungsornat sah Johanna mit ihrem strahlend weißen Pferd, dem weißen Banner und der silbernen Rüstung tatsächlich wie eine Himmelserscheinung aus. Und so wurde sie auch gefeiert.

Es erschien Johanna wie eine Ewigkeit, bis endlich die reich verzierte Fassade der Krönungskathedrale von Reims vor ihnen erschien.

An der Spitze seiner Würdenträger, Kardinäle, Bischöfe und Adeligen betrat der Prinz die Kathedrale.

Johanna sah sich um. Der Anblick im Inneren des gewaltigen Gebäudes nahm ihr fast den Atem. Die Decke schien ihr so fern wie der Himmel, und sie konnte vom Eingang aus den Altar kaum entdecken, so lang war die Kirche. Drinnen herrschte nicht das übliche Halbdunkel, die Kathedrale war lichtdurchflutet durch unzählige prachtvolle Glasfenster. Johanna griff nach ihrem Amulett, das kühl und silbern auf ihrer Brust lag. Hatte sie jetzt endlich ihr Ziel erreicht?

Sie folgte dem Prinzen durch die Kathedrale, bis sie den Altar erreichten. Hier wurden die Könige Frankreichs gesalbt, so wollte es der Brauch. Johanna sah sich um. Wo sollte sie sich niedersetzen? Kein einziger Platz war frei, dicht an dicht drängten sich die Adeligen und starrten sie neugierig an.

Johanna sah zu Trémouille und dem Prinzen und hoffte auf irgendeinen Wink, wo sie während der Krönungszeremonie sitzen sollte. Aber die beiden beachteten sie gar nicht. Johanna ließ noch einmal ihre Blicke schweifen. Sie konnte schließlich nicht die nächsten Stunden auf dem Gang herumstehen. Sie entschloss sich, sich einfach neben den Altar zu stellen und ein möglichst heiliges Gesicht aufzusetzen. So hatte sie auch einen guten Blick auf den Prinzen. Und der stand ihr wohl zu, immerhin hatte sie seine Krönung erst möglich gemacht.

Als sie sich allerdings neben dem Altar aufbaute, fiel ihr Blick auf Jean. Er sah sie erschrocken an und schüttelte unmerklich den Kopf. Aber jetzt war es zu spät. Johanna stand neben dem Altar und konnte diesen Platz während der folgenden stundenlangen Zeremonie nicht verlassen.

Aus nächster Nähe beobachtete sie, wie der Bischof die Phiole mit dem Öl des Chlodwig öffnete. Angeblich hatte vor 1000 Jahren der Himmel dieses Öl gesandt, um damit Chlodwig zum Christen zu taufen.

Johanna betrachtete die halb volle Phiole nachdenklich. Wenn sie an die 1000 Jahre und die zahllosen Könige dachte, die damit angeblich gesalbt worden waren – dann kamen ihr erhebliche Zweifel an der Echtheit des Öls. Aber Trémouille und Charles schienen daran zu glauben. Während der Bischof die Stirn, Hände und Füße des künftigen Königs salbte, musterte Johanna ihre Gesichter. Sie sahen zufrieden aus.

Nach der Salbung war die Zeremonie zu Ende. Der Prinz kehrte als König Charles VII. auf den Platz vor der Kathedrale zurück. Das Volk ließ ihn mit einem „Lang lebe König Charles VII.!" hochleben. Johanna hielt sich im Schatten der Kirchenmauern, bis der König und seine Würdenträger vom Platz verschwunden waren. Sie wollte nicht noch einmal die Aufmerksamkeit der jubelnden Menge auf sich ziehen.

Hier fand sie Jean, der mit suchendem Blick durch die Menge eilte. Sein Gesicht wirkte ernst. „Johanna, du hättest dich nicht neben den Altar stellen dürfen. Damit hast du den Eindruck erweckt, als hättest du ihm die Krone erst ermöglicht."

„Was ziemlich genau der Wahrheit entspricht", erwiderte Johanna trocken.

Jean de Metz musste lächeln. „Ja. Aber manche Wahrheiten sind nicht dafür geschaffen, dass man sie ausspricht. Charles hat nun, was er will. Er braucht dich nicht mehr."

Johanna war empört. „Er braucht mich sehr wohl. Die Engländer sind immer noch in Frankreich. Der Sieg in Orléans war doch nur der Anfang!"

Jean de Metz schüttelte langsam den Kopf. „Nein. Denk nach: Was hätte der König davon, wenn er jetzt weiterkämpft? Er kann jetzt einen günstigen Frieden mit den Burgundern und

England aushandeln. Im Moment hat er eine starke Verhandlungsposition. Dank dir. Wenn er jetzt eine Schlacht verliert, kann er nicht mehr verhandeln."

Johanna sah ihn verwundert an. „Aber wenn ich an der Spitze von seinem Heer reite, wird er weiter gewinnen! Dann ist er noch stärker."

Jean legte ihr seine Hand auf den Arm. „Johanna, es gibt einige Soldaten und Adelige am Hof, die in deinem Sieg einen Zufall sehen …" Er stockte. „Und jetzt sollten wir zum Festbankett, um unseren neuen König zu feiern. Es wäre ungeschickt, wenn wir uns dort nicht blicken lassen." Er winkte nach dem Knappen, der geduldig die Pferde gehalten hatte.

Johanna folgte ihm nachdenklich.

Die Königinmutter sah Johanna aus ihren kalten Augen an. In ihrem Blick lag keinerlei Gefühl. „Darf ich Euch heute Mittag zu meinem kleinen Empfang bitten?"

Johanna seufzte innerlich. Sie kannte dieses Spiel inzwischen. Sie durfte und konnte solche Einladungen nicht ausschlagen, sonst wäre wieder irgendjemand beleidigt.

Die Krönung war inzwischen schon Wochen her, der Sommer neigte sich seinem Ende zu. Aber der Hofstaat vergnügte sich mit endlosen Empfängen, Banketten, Konzerten und Tanzabenden. Während die Engländer sich von der Niederlage in Orléans allmählich erholten und neue Kräfte sammelten, feierte der französische Hof ein Fest nach dem anderen.

Aber Johanna wusste, was sich gehört. Sie neigte den Kopf. „Es wird mir eine Ehre sein."

Nur wenige Stunden später stand sie wieder zwischen gepuderten, aufgeputzten Adeligen. Wie immer war sie die Attraktion des Empfangs. Die Männer sahen mit einem wohlgefälligen Lächeln auf Johannas Beine, die sich unter den tiefbraunen Samtbeinlingen, die sie heute trug, deutlich abzeichneten. Dazu das eng geschnittene Wams und die kurzen Haare. Eine dümmliche Hofdame lispelte: „Warum zieht Ihr immer noch die Kleidung der Männer an? Ich dachte, Ihr würdet wieder Kleider tragen, wenn der Krieg vorüber ist?"

Johanna musterte den Schmuck und die blassen, schmalen Hände der Dame. Sie durfte sich nicht aufregen. „Soweit ich weiß, ist der Krieg noch nicht zu Ende. Paris ist immer noch in der Hand der Engländer. Solange auch nur ein Engländer einen Fuß in Frankreich hat, werde ich nicht wieder Röcke tragen."

Neben dem lispelnden Dummchen tauchte Trémouille auf. Er legte besitzergreifend seine Hand um ihre Taille.

Johanna stöhnte leise auf. Offensichtlich hatte sie sich gerade mit der neuesten Liebschaft des Kanzlers unterhalten, und der hatte ihre Antwort mitgehört.

Er sah sie aus seinen Schweinsäuglein finster an.

„Werte Johanna Darc, offensichtlich sind die Neuigkeiten noch nicht zu Euch durchgedrungen. Der König hat gestern Abend einen sehr vorteilhaften Vertrag mit den Burgundern abgeschlossen. Ich bin mir sicher, wir werden uns auch bald mit den Engländern einigen. Ihr könnt also getrost wieder in Röcke und Mieder schlüpfen." Er ließ seinen Blick über Johannas Beine gleiten und lächelte lüstern. „Was aber eigentlich schade ist, denn dann ist uns der Blick auf Eure Beine verwehrt."

Johanna kochte innerlich. Ein billiger Frieden war also alles, was sie errungen hatte. Ohne sich noch einmal umzublicken, rannte sie aus dem Zimmer. Sie hatte genug von den Hofschranzen und ihrem ewigen Tanz um die Gunst des Kanzlers und des Königs. Sie war innerhalb weniger Wochen von einer Heldin zur Witzfigur geworden.

Sie lief in den Stall und hatte Glück. Jean sattelte gerade seinen Fuchs.

Johanna sah ihn dankbar an. „Können wir gemeinsam einen kleinen Ausritt machen?"

Jean nickte. Augenblicke später trabten der Schimmel und der Fuchs Seite an Seite aus dem Hof. Sie ritten lange schweigend nebeneinander her. Sobald sie die Stadt verlassen hatten, war alles wie früher. Bauern, die gerade ihre Ernte einbrachten, winkten Jean und Johanna zu. Einer schwenkte sogar seinen Dreschflegel und rief: „Ich kämpfe für dich, Jungfrau!"

Johanna winkte zurück, während ihr eine Träne über das Gesicht lief.

„Alle würden weiter für mich kämpfen, sogar die einfachen Leute. Nur der König greift nach einem feigen Frieden! Warum nur? Warum darf ich nicht das tun, wozu ich gekommen bin? Sie führen mich auf ihren Empfängen vor wie einen missgestalteten Zwerg. Aufregend und ungefährlich."

Jean schwieg. Er hatte Johanna in den letzten Wochen immer wieder zu erklären versucht, dass es jetzt um Politik und nicht um den Sieg oder gar göttliche Eingebungen ging.

In ihrem Zorn übersah Johanna fast das graue Bündel, das direkt vor ihnen auf dem schmalen Pfad lag. Uriel bemerkte es erst, als er schon fast daraufgetreten war, und stieg senkrecht in die Luft. Johanna kämpfte mit dem Gleichgewicht und klammerte sich am Sattelhorn fest. Mühsam richtete sie sich auf.

„Das war knapp." Jean nickte anerkennend. „Reiten hast du wirklich gelernt!"

Johanna lachte. „Ja, aber nur auf diesem Pferd hier!" Dann fiel ihr Blick wieder auf das Bündel auf dem Pfad. „Was hat Uriel eigentlich so erschreckt?" Erst jetzt bemerkte sie, dass sich der graue Stoff bewegte. Johanna erschrak. Was war das?

Aus dem Bündel schob sich plötzlich eine dreckige Hand. Sie sah fast wie eine Vogelkralle aus. Die Finger waren von Rheuma verbogen, Dreck klebte unter den Nägeln. Langsam richtete sich die Gestalt auf, und lange, wirre Haare in einem schmutzigen Graubraun kamen zum Vorschein. Zwischen den Strähnen sah Johanna ein Paar erstaunlich junge, wache Augen.

„Wenn das mal nicht die Jungfrau ist!", knarzte die Gestalt.

Johanna blickte verstört auf die alte Frau, die sich jetzt endlich auf ihre krummen Beine gestellt hatte.

Jean griff in die Zügel seines Fuchses. „Nur eine Bettlerin, lass uns weiterreiten." Zu der Frau sagte er, nicht unfreundlich: „Gute Frau, Ihr solltet Euch nicht direkt auf einen Weg legen. Zum Schlafen eignen sich die Plätze daneben. Oder ein Haus."

Die Frau beachtete ihn nicht einmal. Sie machte einen schwankenden Schritt auf Johanna zu und legte ihre verkrüppelte Hand auf ihren Oberschenkel.

„Ihr müsst uns retten! Die Burgunder plündern wieder. Sie wagen sich aus ihren Löchern. Die Soldaten haben nichts mehr zu tun, jetzt, wo angeblich Frieden herrscht. Da plündern sie eben." Sie wandte sich an Jean. „Ich würde in einem Bett schlafen, wenn es die Burgunder nicht verbrannt hätten. Und mit meinem Mann zum Abendmahl niedersitzen, wenn er von den Männern nicht getötet worden wäre. Und mit meiner

Tochter in die Abendmesse gehen, wenn sie nicht ins Wasser gegangen wäre nach der Schande, die die Soldaten ihr angetan haben." Ihre Stimme war immer schriller und lauter geworden. Anklagend schrie sie Johanna an. „Aber die Jungfrau sitzt ja lieber auf dem Schoß des neuen Königs und sonnt sich in ihrem Ruhm. Ihr ist es egal, dass die Menschen leiden! Sie kümmert sich nicht mehr um uns! Ich verfluche die Jungfrau!"

Damit nahm die Frau endlich die Hand von Johannas Bein und machte schwankend einen Schritt zurück. Sie hob noch einmal den Stock, auf den sie sich gestützt hatte.

„Ich verfluche das ganze Königshaus und alle seine Lakaien!" Damit drehte sie sich um und verschwand schimpfend und schwankend im Wald.

Johanna sah ihr schweigend hinterher. Fast automatisch griff sie nach ihrem Amulett. Und zum ersten Mal seit Monaten hörte sie wieder die vertraute Stimme des Erzengels.

„Ich brauche dich immer noch! Das Leiden geht weiter! Catherine stirbt immer noch, jeden Tag! Sei mein Arm, sei mein Schwert!"

Das Amulett glühte in Johannas Hand. Sie schloss die Augen. „Ich habe versagt!", flüsterte sie. „Ich sollte das Schwert des Engels sein – und ich habe mich auf das Leben am Hof eingelassen. Ich dachte, es reicht, wenn ich rede." Sie richtete sich langsam auf. „Aber ich muss endlich wieder handeln! Und zwar bald!" Sie sah in Jeans Augen, die jetzt so blau wie ein See am frühen Morgen waren. „Hilfst du mir? Bist du bei mir?"

Der Soldat nickte. „Ich bin immer bei dir. Das weißt du!"

Johanna nahm die Zügel in die Hand und wendete. „Ich muss zurück. Ich brauche ein Heer. Ich brauche La Hire. Und wenn ich den König nicht überzeugen kann, muss ich eben auf meinen Engel vertrauen. Er wird mir himmlische Heerscharen schicken!"

Jean wagte es nicht, Johanna anzusehen. Mehr zu sich selbst murmelte er: „Wir werden sie brauchen, Johanna. Wir werden deine himmlischen Heerscharen brauchen. Und es wäre schön, wenn sie nicht nur Flügel, sondern auch Schwerter haben ..."

Aber Johanna hörte ihm nicht mehr zu. Sie hatte ihre Fersen in Uriels Flanke gepresst und jagte im Galopp zurück an den Hof.

Jean seufzte und gab seinem Fuchs ebenfalls den Befehl zum Galopp. Er wusste, dass Johanna sich zu viel vorgenommen hatte. Aber jetzt konnte sie keiner mehr zurückhalten.

17

Johanna sah Charles flehend an. „Sire, Euer Volk leidet. Wir müssen weiterkämpfen!"

Der König wendete den Kopf ab, als er antwortete. „Wir müssen gar nichts. Und schon gar nicht, weil Ihr es wünscht, Johanna. Wir haben Frieden geschlossen, wir dürfen keinen Vertrag brechen."

„Aber Sire …"

Trémouille fuhr sie an. „Das Gespräch ist beendet! Wie könnt Ihr es wagen, dem König zu widersprechen!"

Johanna schluckte schwer und drehte sich um. Heiße Tränen brannten in ihren Augen. Sie hatte den Kampf für Catherine verloren. Nicht auf dem Schlachtfeld, sondern vor dem Thron. Langsam ging sie aus dem Audienzsaal und lief die Treppe hinunter. Im Innenhof setzte sie sich auf einen Stein, der von den letzten Strahlen der Abendsonne gewärmt wurde. Sie schloss die Augen und dachte nach. Es musste doch einen Ausweg geben.

Nach einer Weile hörte sie schwere Schritte, die vor ihr stehen blieben. „Na, Jungfrau, Ärger?"

Sie erkannte die Stimme sofort. La Hire, der berühmte Kämpfer. Sie öffnete die Augen und bemühte sich um ein Lächeln. „Wir vergeuden hier am Hof unsere Zeit, La Hire. Aber der König lässt uns nicht gehen. Dabei gäbe es so viel zu tun."

La Hire lachte leise. „Für eine kleine Schafhirtin habt Ihr das Kriegshandwerk schnell gelernt! Und Ihr habt recht. Hunderte warten nur auf den Befehl, wieder in die Schlacht zu ziehen."

Johanna sah La Hire überrascht an. „Ich dachte, das Heer ist aufgelöst worden? Sind die Soldaten nicht größtenteils nach Hause geschickt worden?"

Der alte Haudegen zuckte mit den Schultern, so als wäre es ihm egal. „Viele können sich nicht vorstellen, dass die Jungfrau auf halbem Weg aufhört und zu einer Hofdame wird. Sie sind sich sicher, dass die Schafhirtin bald den Befehl zum Aufbruch geben wird." Er sah sie aus seinen tief liegenden Augen ernst an. „Wird sie? Sonst müsste auch ich endlich auf meine Ländereien zurück!"

Johanna musterte ihn überrascht. „Ihr gehört zu denjenigen, die an mich glauben? Ihr wartet darauf, dass ich wieder in den Krieg ziehe? Aber der König verbietet mir das!"

La Hire schüttelte den Kopf. „Seit wann wartet Ihr auf die Erlaubnis von irgendwem? Euer Vater ließ Euch nicht gehen, der Kommandant von Vaucouleurs wollte Euch nicht anhören, Euer Pferd wollte euch nicht tragen, und ich wollte euch nicht bei der Schlacht dabeihaben. Und trotzdem habt Ihr all das gemacht. Und jetzt fangt Ihr plötzlich an, auf Befehle zu warten? Wo ist die alte Johanna? Die, die tut, was sie für richtig hält!"

Johanna sah sich vorsichtig um. Belauschte sie irgendjemand? Aber sie sah nur ein paar Knechte, die Pferde striegelten, und eine Gänsemagd, die mit ihrer Herde über den Hof lief. „Weiß Jean de Metz von Euren Gedanken?", fragte sie schließlich leise.

„Er ahnt es. Und er weiß, dass Eure Geduld zu Ende ist", meinte La Hire.

„Und … wird er mit uns ziehen?", fragte Johanna atemlos.

La Hire begann zu lachen. Laut und dröhnend zeigte er seine gelben Zähne, bis er endlich sagte: „Hat Jean de Metz Euch jemals allein gelassen? Nein. Und das wird er auch jetzt nicht tun. Ihr habt keinen treueren Diener, Johanna."

„Er ist kein Diener", murmelte Johanna abwehrend. Aber mit den Gedanken war sie schon woanders. Sollte sie wirklich auf eigene Faust mit ihren Getreuen in den Krieg ziehen?

War das die Möglichkeit, nach der sie gesucht hatte – und war es das, was der Erzengel von ihr erwartete?

Sie erhob sich von ihrem Stein, die Sonne war ohnehin längst untergegangen. „Ich muss mit Jean reden", erklärte sie. „Dann werde ich eine Entscheidung fällen."

La Hire sah sie an. „Diese Entscheidung ist schon lange gefallen. Ihr dürft Euch nicht länger dagegen wehren."

Johanna machte sich auf den Weg, um in den verwinkelten Fluren des Schlosses nach Jean de Metz zu suchen. Seit ihrem Ausritt am Vortag hatte sie ihn nicht mehr gesehen.

In den Fluren flackerten bereits die Kerzen und erhellten die Erker und Vorsprünge nur notdürftig.

Johanna eilte durch die Gänge, als sie plötzlich Stimmen hörte. Sie wich sofort in den Schatten einer Fensternische zurück. Die eine Stimme würde sie unter hunderten erkennen. Trémouille. Er war in ein Gespräch vertieft. Zu ihrer Überraschung erkannte Johanna in der zweiten Stimme die Königinmutter. Johanna presste sich in ihre Nische, als die beiden näher kamen.

„Die Engländer warten nur auf eine Gelegenheit, die Hexe aus Lothringen zu fangen."

„Wird sie wirklich so genannt?", fragte die Königinmutter.

„Ja. Sie ist ihnen unheimlich. Und sie wissen, dass wir nie eine einzige Schlacht ohne diese Schafhirtin gewonnen hätten. Das verstehen sie nicht."

„Das verstehen nicht einmal wir!", entfuhr es der Königinmutter.

Trémouille zuckte mit den Schultern. „Reines Glück. In diesem Fall unser Glück. Ohne Orléans wäre Euer Sohn nie zum König gekrönt worden. Und jetzt haben wir diesen wunderbaren Frieden."

„In dem Ihr Eure Geschäfte mit den Burgundern weiterführen könnt", bemerkte die Königinmutter. Ihre sonst so tonlose Stimme hatte einen schneidenden Unterton bekommen.

„Mit denen ich Eurem Sohn die Bankette bezahle!", entgegnete Trémouille. Er hielt es anscheinend nicht einmal für nötig, sich zu rechtfertigen.

Johanna hielt die Luft an. Trémouille und die Königinmutter waren jetzt so nah, dass sie nur die Hand ausstrecken musste, wenn sie die beiden berühren wollte.

„Und was habt Ihr mit diesem Mädchen vor?"

„Das lasst mal meine Sorge sein …" Trémouille lachte siegesgewiss.

Die beiden verschwanden um die nächste Ecke. Johanna lehnte sich zurück und atmete tief durch. Trémouille machte tatsächlich Geschäfte mit den Burgundern! Er würde alles tun, um diesen Frieden zu erhalten … Johanna dachte an La Hire und seine Männer. Sie waren bereit, ihrem Befehl zu folgen.

Sie wartete noch einige Augenblicke, um sicher zu sein, dass Trémouille und die Königinmutter verschwunden waren. Dann lief sie los. Sie musste Jean de Metz finden, schnell!

Sie traf ihn auf einer Terrasse. Mit nachdenklicher Miene beobachtete er das Treiben im Schlosshof. Johanna stellte sich neben ihn. Er sah nicht einmal auf. Stattdessen sagte er schließlich: „Ich werde auf meine Ländereien heimkehren. Für mich gibt es hier nichts mehr zu tun."

Johanna nickte. „Ich weiß. Das Leben am Hof ist nichts für dich." Nach kurzem Zögern redete sie weiter. „Aber was wäre, wenn wir den Hof verlassen würden? Wenn wir wieder gegen die Engländer reiten würden?"

Überrascht wandte Jean sich ihr zu. „Hat der König etwa seine Meinung geändert?"

Johanna schüttelte den Kopf. „Nein. Sein fetter Kanzler macht Geschäfte mit den Burgundern und bezahlt dem König vom Gewinn seinen Hofstaat. Da sind Kriegszüge gegen Engländer oder Burgunder wenig sinnvoll."

Verständnislos sah Jean ihr ins Gesicht. „Aber wenn es keinen Befehl des Königs gibt, wieso redest du dann von einem neuen Feldzug?"

Johanna biss sich auf die Lippen. „Ich habe mit La Hire geredet. Es gibt Soldaten, die mir auch ohne einen königlichen Befehl folgen würden. Charles fällt keine guten Entscheidungen für sein Land. Vielleicht müssen wir diese Entscheidungen für ihn treffen!"

„Das geht nicht, Johanna! Ich habe dem König die Gefolgschaft geschworen. Wenn ich mit einem Haufen Soldaten und dir gegen die Engländer ziehen würde – das wäre Verrat."

„Vielleicht Verrat am König und seinem Kanzler. Aber nicht Verrat an deinem Land und seiner Bevölkerung. Hast du nicht auch geschworen, für die Schwachen zu kämpfen?"

Jean sah einen Moment schweigend auf den Hof herunter. „Und wohin soll es gehen?"

Johanna blickte in die Ferne. „Paris!"

Jean de Metz gab sich geschlagen. „Ich folge dir. Und möge dein Erzengel uns weiterhin beschützen!"

18

Der kalte Regen peitschte auf die Zeltplanen. Die Nacht war vorbei, aber es wurde kaum hell. Johanna kauerte auf ihrer schmalen Pritsche. Sie hielt das kalte Amulett zwischen den Händen und betete. Aber der Engel wollte nicht mit ihr reden. Endlich erhob sie sich, schlang den dicken blauen Umhang um ihre Schultern und ging nach draußen. Eine Fahne knatterte laut, als sie ihren Blick über die Soldaten wandern ließ.

Es waren zu wenige. Und sie froren. Der Herbst war schon zu weit fortgeschritten, nach dieser Schlacht musste Schluss sein. Aber heute sollte es noch einmal gegen die Stadtmauern von Paris gehen. Sie saßen hier seit Wochen fest, es wurde Zeit, dass etwas passierte. Ein junger Soldat kam vorbei. Er schlang die Arme um sich, als wollte er sich vor dem Wind und dem Regen schützen. Die nassen Haare hingen ihm ins Gesicht. Trotzdem sah er sie voller Hoffnung an.

„Heute ist der Tag, Jungfrau!"

Johanna nickte. Bei der Kälte schmerzte ihre alte Wunde vom Kampf gegen Orléans. Sie drehte sich um und sah La Hire und Jean de Metz neben sich aus ihren Zelten treten. Sie sahen genauso verfroren und nass aus wie sie selbst. Trotzdem bemühte sich Johanna um ein siegesgewisses Lächeln.

„Heute zeigen wir es den Engländern, oder?"

La Hire zuckte mit den Schultern. „Ein bisschen Verstärkung

von Euren himmlischen Heerscharen wäre von Vorteil. Wir sind nicht genug. Heute Nacht sind sogar ein paar der Soldaten geflüchtet."

Johanna seufzte. So ging das seit Tagen. In der Nacht machten sich die Soldaten auf und davon. Einzeln oder in Grüppchen schlichen sie aus dem Lager. Wie anders war doch der Aufbruch gewesen. Da hatten sich ihnen sogar für ein paar Tage Bauern angeschlossen und ihre Sensen geschwungen. Aber sie waren schließlich zu ihrer Feldarbeit zurückgekehrt. Und je länger der Erfolg auf sich warten ließ und je mehr der Herbst Einzug hielt, desto größer wurden die Lücken.

Sie wandte sich an Jean und La Hire. „Heute Abend schicken wir die Soldaten nach Hause. Es wird Winter, daran kann auch kein Erzengel etwas ändern." Sie straffte sich. „Aber heute wollen wir noch einmal versuchen, Paris zu erobern. Machen wir uns fertig!"

Die beiden Männer starrten in den Regen. Sie wollten dem Mädchen nicht widersprechen. Aber sie spürten keinerlei Vorfreude auf einen kommenden Sieg.

Johanna legte in ihrem Zelt das gepolsterte Wams an. Wie sehr hatte sie die dicke Füllung in der Hitze von Orléans verflucht. Jetzt war sie dankbar für die Wärme, die ihr das Wams gab. Langsam nestelte sie die Beinlinge fest und griff dann nach der Rüstung. Im Halbdunkel des Zeltes glänzte sie nur matt. Als sie endlich fertig war, machte sie sich auf zu den Unterständen der Pferde.

Uriel wieherte ihr hell entgegen. Sein Fell war nass, und seine Mähne klebte in langen, feuchten Strähnen an seinem Hals.

Johanna strich ihm zur Begrüßung über die Nase. „Heute

sehen wir nicht so strahlend aus wie sonst, was, alter Freund? Komm, wir haben noch eine Schlacht zu schlagen."

Sie legte ihm Sattel und Kandare an. Die schützenden Decken hatten sich voll Wasser gesogen und wogen schwer. Leise murmelte Johanna eine Entschuldigung, als sie Uriel die nassen Gewichte an Sattel und Vorderzeug befestigte.

Endlich war alles fertig. Sie drehte sich um und sah, wie Jean gerade auf seinen Fuchs stieg. Die dunkelblauen Decken tropften vor Nässe und sahen tiefschwarz aus.

Johanna griff nach dem Banner und drückte Uriel die Fersen in die Seiten.

„Jetzt wollen wir doch sehen, ob wir Frankreich retten können!"

Die Soldaten setzten sich hinter ihr in Bewegung. Es ging in die Schlacht.

Es wurde später Nachmittag, ohne dass eine Entscheidung fiel. Johanna ritt unermüdlich an ihren Linien entlang. Sie feuerte die Soldaten an, versuchte an allen Orten gleichzeitig zu sein. Immer wieder nahm sie selber das Schwert in die Hand, um bei einem unentschiedenen Scharmützel das Zünglein an der Waage zu sein.

Aber ihre Soldaten kämpften vergebens und kamen keinen Meter näher an die Stadtmauer heran. Die Engländer waren ausgeruht, sie hatten hinter den Stadtmauern im Trockenen geschlafen und gut gegessen. Johannas Soldaten dagegen waren seit Wochen unterwegs. Sie froren und hatten Hunger.

Als Johanna sah, dass auf einem Feld drei Franzosen gegen acht Engländer auf verlorenem Posten kämpften, riss sie Uriel herum und gab ihm die Sporen. Zu ihrer Überraschung ging der Schimmel in der Wendung in die Knie. Sie sah auf ihn herunter. Seine Adern standen bleistiftdick hervor, seine Nüstern waren weit aufgerissen und leuchteten blutrot. Sein Atem ging schwer. War heute der Tag, an dem sie den Hengst das erste Mal müderitt?

Sie sah wieder auf das Getümmel und drückte den widerstrebenden Hengst in den Galopp. Uriel würde ab morgen alle Ruhe der Welt haben …

Sie erreichte den ungleichen Kampf und hob entschlossen ihr Schwert.

Einer der Engländer sah sie und rief: „Die Hexe! Es ist die Hexe selber!" Damit hechtete er nach vorne, um in Uriels Zügel zu greifen.

Johanna gab ihrem Hengst den längst vertrauten Befehl zu einer Kehrtwende. Aber Uriel reagierte langsam und stolperte. Der Engländer griff fest in die Zügel.

„Ich hab sie!", brüllte er seinen Kameraden zu.

Johanna drückte erneut die Beine an. Uriel konnte so einen Mann normalerweise einfach über den Haufen rennen. Aber sie spürte, er war müde. Er versuchte zu gehorchen und stieg, während der Mann an seiner Kandare hing. Er stand kurz senkrecht in der Luft, seine langen, schlammverschmierten Vorderbeine wirbelten durch die Luft, gefährlich nah am Kopf des Engländers vorbei. Er stieg noch ein wenig höher – und Johanna spürte plötzlich, wie er mit den schweren Decken das Gleichgewicht verlor. Er strauchelte und überschlug sich. Mit einem tiefen Stöhnen stürzte er nach hinten.

Johanna hechtete aus dem Sattel, bevor der gewaltige Hengst

sie unter sich begrub. Sie lag im Schlamm und sah, wie über ihr der lachende Engländer auftauchte.

„Ich habe die Jungfrau! Die Hexe von Lothringen ist mein! Das gibt eine wunderbare Belohnung!"

Johanna setzte sich benommen auf. Aus dem Augenwinkel sah sie, wie Jean de Metz mit seinem Fuchs herangaloppiert kam. Er schwang sein Schwert, bereit, noch einmal für sie zu kämpfen. Nur noch wenige Meter trennten Jean von Johanna. Mit einer Handbewegung hielt sie ihn auf. Laut rief sie: „Es ist vorbei, Jean. Es ist vorbei. Lass es." Inzwischen war sie umringt von Engländern, die sich über die wertvolle Beute freuten. Sie hoffte, dass Jean sie noch hörte.

„Geh nach Hause! Und …" Ihr Blick fiel auf den schneeweißen Hengst, der sich jetzt mühsam aus dem Schlamm aufrappelte und verdreckt, mit hängendem Kopf dastand. Sein Atem ging immer noch schwer.

Johanna biss die Zähne zusammen, als ein Engländer sie grob am Arm fasste. Dann erhob sie ein letztes Mal ihre Stimme. „Kümmere dich um Uriel." Ihre Stimme wurde leiser, als sie hinzufügte. „Danke. Danke für alles …"

Die Engländer rissen sie hoch. Zwei Männer nahmen sie zwischen sich und zerrten sie vorwärts. Sie schleppten sie zu den Toren der Stadt. Johanna sah zurück, als sie einen scharfen Pfiff hörte.

Sie sah, wie Uriel sich umdrehte und zu Jean zurücktrabte. Das Letzte, was Johanna sehen konnte, war Jean, der dem Hengst die Stirn streichelte. Dann fiel das Tor hinter ihr zu.

19

Schnee lag über dem Land und bedeckte es mit unschuldigem Weiß. Jean de Metz zügelte Uriel und sah zu seinem Landsitz. Das kleine Schloss lag friedlich in einer Senke, aus dem Kamin stieg feiner Rauch und kräuselte sich in der kalten Luft. Jean de Metz streichelte dem Hengst den Hals.

„Jetzt sind wir daheim", murmelte er. „Und wir werden nicht mehr in den Krieg ziehen."

Die letzten Meter legte er im Schritt zurück, als plötzlich die großen Flügeltüren aufflogen. Er erkannte Isabelle sofort, die zierliche Figur und das lange dunkle Haar seiner Frau waren ihm sehr vertraut. Sie kam ihm mit einem strahlenden Lächeln entgegen.

Er zügelte Uriel neben ihr.

Als sie den Schimmel bewusst wahrnahm, verschwand das Lächeln aus ihrem Gesicht. „Dann ist es also wahr, was die Leute sagen. Es ist vorbei. Sonst hättest du Uriel nicht zurückgebracht."

Jean atmete langsam aus. Dann wiederholte er ihre Worte. „Ja, es ist vorbei."

Da sah er, wie sich etwas in den Falten von Isabelles Umhang bewegte. Er deutete fragend auf das Bündel. „Was hast du da?"

Isabelle strahlte ihn wieder so an wie zuvor. Sie zog das Tuch zur Seite, und Jean erkannte, dass das Bündel ein winziges Baby war. Es hatte einen dunklen Haarschopf, unter dem es ihn ernst ansah.

Jean streckte die Arme aus. „Darf ich?"

Isabelle reichte ihm das Kind und meinte schüchtern: „Es ist ein Mädchen. Freust du dich trotzdem?"

Jean lächelte zum ersten Mal seit dem schrecklichen Tag vor den Toren von Paris. „Sogar mehr als über einen Erben." Er streichelte ihr über den Kopf. „Wie heißt sie denn?"

Isabelle schlug die Augen nieder. „Ich wollte auf dich warten. Ich habe davon geträumt, dass du sie in den Armen hältst und ihr einen Namen gibst."

Jean sah seine kleine Tochter unverwandt an. Leise sagte er: „Sie soll Johanna heißen. So hat Uriel seine Reiterin wieder ..."

Langsam legten sie die letzten Schritte zu den Stallungen zurück. Der gewaltige Hengst bewegte sich so vorsichtig, als ob er wüsste, was für eine wertvolle Last er auf seinem Rücken trug. Die kleine Johanna krähte vor Vergnügen, als sich das Pferd in Bewegung setzte.

Der Soldat war sich sicher, dass er nie wieder in die Schlacht ziehen würde.

Epilog

Johanna Darc erblickte nie wieder das Licht der Freiheit.

Die Engländer verkauften sie schließlich an die Franzosen. Die stellten ihre einstige Heldin vor ein Kirchengericht. Sie wurde der Ketzerei schuldig gesprochen und am 30. Mai 1431 auf dem Scheiterhaufen verbrannt. Sie wurde nur 18 oder 19 Jahre alt, ihr Geburtsdatum ist unbekannt.

25 Jahre nach ihrem Tod fand ein erneuter Prozess statt, am 7. Juli 1456 wurde sie von allen gegen sie erhobenen Vorwürfen freigesprochen.

Am 30. Mai 1920 wurde Johanna Darc von Papst Benedikt XV. heilig gesprochen.

Ihr Sieg in Orléans war der Wendepunkt des Krieges gewesen, der später nur der hundertjährige genannt wurde. Fünf Jahre nach ihrem Tod eroberte Charles VII. Paris (übrigens mit Hilfe der Burgunder, die sich auf die Seite der Franzosen gestellt hatten), im November 1449 konnte er in Rouen einziehen. 1453 war der Krieg nach dem Einmarsch des französischen Heeres in die Normandie beendet.

La Hire kämpfte weiter für seinen König, Jean de Metz zog sich auf seine Ländereien zurück.

Leseprobe aus

Der Andalusier

von Katrin Kaiser

1. Der Löwe ist los

Die beiden jungen Männer standen sich drohend gegenüber. Jeder legte die Hand griffbereit an den reich verzierten Knauf seines Schwerts. Die Kettenhaube und die Helme verbargen ihre Gesichter, aber die angespannte Haltung ihrer Schultern verriet, dass der Kampf gleich beginnen würde. Kein Wort fiel zwischen den beiden.

Der schmalere von beiden, unter dessen Helm fahlblonde Strähnen hervorsahen, hielt die Spannung anscheinend nicht mehr aus. Mit einem metallischen Geräusch zog er die Klinge aus dem Schaft und machte einen schnellen Schritt auf seinen Gegner zu. Der wich geschickt zurück und zog dabei ebenfalls sein Schwert. Mit den erhobenen Klingen in der Hand umkreisten sich die beiden Männer. Wieder wagte der Blonde den ersten Angriff. Einen Ausfallschritt nach vorne, sein Schwert krachte gegen das Schwert des anderen. Der drehte sich einmal um die eigene Achse, hechtete auf einen Mauervorsprung und bedrohte den Blonden von oben mit der Spitze der Klinge.

„Nein, nein, nein!", rief ein älterer, glatzköpfiger Mann, der sich bis zu diesem Augenblick im Schatten verborgen gehalten hatte. „Fernando, wie oft soll ich dir noch erklären, dass du niemals den ersten Angriff machen sollst? Dein Gegner wartet doch nur darauf. Du musst die Spannung halten, egal wie lange. Wenn dein Schwertarm müde wird, dann darfst du das dem anderen nie zeigen. Noch einmal von vorne!"

Dem anderen Schwertkämpfer nickte der Glatzkopf anerkennend zu. „Gute Parade, Ramiro!"

Ramiro und Fernando stellten sich wieder wie zu Beginn auf.

Cristina schloss ihre Augen. Das Training zum Schwertkampf war ungefähr so unterhaltsam wie ein Dutzend Vaterunser. Und ebenso vorhersehbar. Ob man damit dem Paradies näher kam, war im Falle des Schwertkampfes allerdings nicht so sicher. Fernando griff jedes Mal zu schnell an – und sein jeweiliger Übungspartner gewann innerhalb weniger Augenblicke.

Cristina seufzte. Eigentlich waren ihr Schwertkämpfe ja egal, aber leider war sie ausgerechnet mit diesem blonden Verlierer verheiratet. Erst zwei Monate war es her, dass sie mit einem rauschenden Fest in der Kathedrale von Valencia zur Gattin des Infanten erklärt worden war. Als sie damals mit ihrem prachtvollen Gewand am Arm ihres Vaters zum Altar gegangen war, hatte sie Fernando das erste Mal gesehen. Sein Aussehen war keine Überraschung, jeder hatte ihr mehr oder weniger ehrlich das aschblonde Haar, die hellblauen Augen und die schmale Gestalt des Infanten beschrieben. Was keiner erwähnt hatte, waren die schweißnassen, warmen Hände, mit denen Fernando nach ihren Fingern gegriffen hatte, als er ihr den Ehering überstreifen sollte.

Cristina schüttelte sich, als sie sich nur daran erinnerte. Seitdem wartete sie darauf, dass sie sich an ihr Leben als Ehefrau gewöhnte. Oder wenigstens an ihren Ehemann. Aber sie fand ihn immer noch so langweilig wie am ersten Tag. Und was sollte schon toll daran sein, hier im Innenhof des Alcazar von Valencia auf einer Liege zu ruhen und ihn bei seinen vergeblichen Bemühungen zu beobachten, ein großer Schwertkämpfer zu werden?

Das laute Klirren der Schwerter zwang Cristina dazu, doch noch einmal ihre Augen zu öffnen. Fernando stand ohne Schwert in der prallen Sonne. Er stampfte wie ein trotziges Kind mit dem Fuß auf.

„Ramiro greift nie als Erster an! Er würde bis zur Dämmerung warten und mich immer nur umkreisen. Wie soll ich dabei lernen, mit dem Schwert umzugehen? Einer muss doch angreifen – und ich bin einfach nicht so feige wie Ramiro, der immer nur abwartet."

Der alte Herr schüttelte den Kopf.

„Ein Schwertkampf wird nicht nur mit dem Arm, sondern auch mit dem Kopf entschieden. Wenn du dein Schwert nur wenige Augenblicke kampfbereit halten kannst, dann musst du deinen Schwertarm stärken. Und nicht blindlings angreifen, bevor dir das Schwert aus der Hand fällt. Nimm dir ein Beispiel an Ramiro – er beherrscht die Kunst des Wartens und der Parade. So kann er zwar keine Kämpfe gewinnen – aber auch nicht verlieren."

Der Glatzkopf nickt Ramiro freundlich zu. „Geh in den Schatten und ruhe dich aus."

Dann wandte er sich wieder Fernando zu.

„Und du bleibst noch ein wenig hier. Du musst an deiner Kraft arbeiten. Dafür reicht das hier als Trainingspartner!" Damit deutete er auf einen Strohballen, der in Augenhöhe von einem Baum herunterhing. Dann folgte der alte Herr Ramiro in das schattige Innere des Palastes.

Fernando hieb mit dem Schwert lustlos auf den Strohballen ein, während Cristina wieder die Augen schloss. Für einige Augenblicke wurde der Innenhof des Stadtpalastes nur vom schweren Atem des Infanten und Vogelgezwitscher erfüllt. Cristina fiel in einen leichten Schlaf und gab sich einem Tagtraum hin, in dem Fernando ganz sicher keine Rolle spielte.

Plötzlich änderten sich die Geräusche in dem sonnigen Innenhof. Erst hörte sie nur die entfernten Schreie eines Dieners. Sekunden später heulte eines der Mädchen hysterisch auf. Dann wurde es still. Die Vögel verstummten und auch das Geräusch von Fernandos Klinge im Strohballen war plötzlich verschwunden. Cristina öffnete die Augen. War sie etwa wirklich eingeschlafen? Nein, die Sonne stand immer noch hoch am wolkenlosen Himmel. Sie sah zu dem Baum hinüber, an dem Fernando gerade eben noch trainiert hatte. Jetzt baumelte der Strohballen verlassen am Baum. Und direkt darunter saß ein Löwe und fixierte sie mit seinen goldbraunen Augen!

Cristina setzte sich blitzschnell auf. Der Löwe war frei! Sie erkannte das riesige Tier mit der gewaltigen Mähne sofort. Das war der Löwe aus dem kleinen Privatzoo ihres Vaters. Keine Ahnung, wie das Tier aus seinem Käfig entkommen konnte, aber jetzt saß es nur wenige Schritte von ihr entfernt. Und es sah nicht freundlich aus, sein langer Schwanz mit der schwarzen Quaste peitschte unruhig von einer Seite zur anderen.

Cristina erhob sich langsam und machte einen vorsichtigen Schritt nach hinten. Als sie an die sonnenwarme Wand stieß, wurde ihr klar, dass der einzige Ausgang aus diesem Teil des Hofes hinter dem Löwen lag. Sie hatte verloren. Es gab keine Chance, dass sie an dem Löwen vorbeikam.

Und weit und breit war kein stolzer Ritter zu sehen, der die Frau des Infanten retten wollte. Oder die Tochter des Fürsten von Alcazar. Keiner wollte heute den Heldentod sterben. Cristina zitterte. Sie spürte, wie ihr der Schweiß den Rücken hinunterlief. Schlecht. Der Löwe roch sicherlich, dass sie Angst hatte und eine leichte Beute für ihn war.

Das riesige Tier machte einen Schritt auf sie zu und knurrte leise. Cristina konnte schon seinen schweren Raubtieratem riechen. Sie versuchte sich auf das Vaterunser zu konzentrieren. Oder ein Ave Maria. Wenn sie schon sterben musste, dann wollte sie wenigstens mit dem Namen des Herrn auf den Lippen sterben. Aber ihr Hirn war plötzlich so leer wie eine Zisterne im Sommer. „Gegrüßet seist du…", murmelte sie mit zitternder Stimme vor sich hin. Mehr wollte ihr nicht einfallen. Das Knurren in der Kehle des Löwen wurde lauter.

Cristina wandte den Kopf ab. Sie wollte dem Tod nicht ins Auge blicken. Nicht heute. Nicht jetzt. Ihr war es egal, was die Priester über das Paradies zu sagen hatten. Sie wollte es noch nicht sehen.

Ein schrilles Wiehern hallte über den Hof. So laut, dass das anschwellende Knurren des Löwen übertönt wurde.

Das Raubtier starrte ebenso wie Cristina in die Richtung, aus der das zornige Geräusch gekommen war. Als Nächstes hörte das Mädchen den Trommelwirbel galoppierender Hufe und ein schneeweißer Wirbelsturm schoss um die Ecke. Es war Babieca, der Hengst ihres Vaters. Cristina erkannte ihn sofort, so ein Pferd gab es nur ein einziges Mal in den Ställen von Valencia.

Der Schimmel ging mit schlagenden Vorderhufen auf den Löwen los. Die winzigen Ohren waren fest in die lange, flatternde Mähne gepresst, die Zähne schnappten in die Luft. In den Augen konnte Cristina das Weiße sehen, als der Hengst sich umdrehte und mit seinen muskelbepackten Hinterbeinen kräftig gegen den Löwen auskeilte. Seine festen schwarzen Hufe wurden dabei zu gefährlichen Waffen.

Der Löwe schien von der Angriffslust des Hengstes überrascht und eingeschüchtert zu sein. Er machte einen zögernden Schritt zurück. Ein Fehler, denn hier wartete eine blitzende Klinge auf ihn, die seinem Leben mit einem einzigen Hieb ein Ende bereitete.

Der Ritter, der das Schwert geführt hatte, richtete sich auf.

„Brav, Babieca! Das hast du richtig gemacht, braver Kerl. Ganz brav!"

So rasend der Hengst sich gerade eben gezeigt hatte, so schnell beruhigte er sich jetzt. Er schüttelte noch einmal die lange, üppige Mähne und ließ sich dann das Lob seines Herrn gefallen. Mit gespitzten Ohren schob er seinen großen Schädel unter den Arm seines Reiters. Der rieb ihm über die breite Stirn und sah seine Tochter fragend an.

„Ist dir etwas passiert?"

Cristina sank in sich zusammen, die Anspannung war zu groß gewesen.

Ihr Vater trennte sich von seinem Pferd und nahm sie in die Arme. Er strich ihr unbeholfen über das Haar.

„Ist ja gut, Cristina, der Löwe tut dir nichts mehr."

Cristina nickte schluchzend. Bis ihr einfiel, dass sie es ja nur ihrem Vater verdankte, dass sie überhaupt hier war. Und wo war eigentlich ihr Gemahl, der doch erst vor zwei Monaten vor dem Altar gelobt hatte, sie immer zu beschützen?

Sie richtete sich auf und befreite sich aus den Armen ihres Vaters. Möglichst kühl versuchte sie sich für die Rettung zu bedanken.

„Habt Dank und entschuldigt mein unangemessenes Verhalten. Ich habe nicht mit dem Löwen hier im Palast gerechnet."

Ihr Vater schüttelte den Kopf.

„Du musst dich nicht bedanken. Ich muss mich entschuldigen. Einer meiner Diener hat bei der Fütterung nicht aufgepasst und den Riegel am Käfig offen gelassen." Er schubste mit der Fußspitze vorsichtig den leblosen Löwen an und zuckte mit den Schultern. „Schade, ich habe viel Geld für dieses Tier bezahlt. Er war der Schmuck meines Zoos. Es wird eine Weile dauern, bis ich einen Ersatz gefunden habe."

Cristina konnte es nicht fassen. Dieser Wahnsinnige wollte noch einmal ein so gefährliches Tier in das Innere des Palastes holen?

Sie sah ihren Vater mit vor Zorn funkelnden Augen an.

„Dann solltet Ihr auch dafür sorgen, dass mein Gemahl, den Ihr für mich ausgesucht habt, endlich lernt, mit seinem Schwert umzugehen. Damit er mich verteidigen kann, wenn Eure Haustiere plötzlich Hunger auf Menschenfleisch bekommen."

Ihr Vater sah sie erstaunt an. Gerade eben hatte seine Tochter noch geschluchzt – und Sekunden später hatte sie wieder ihre feindliche Haltung eingenommen, die sie schon seit über einem Jahr an den Tag legte – seit sie in Valencia angekommen war. Nach Jahren im Kloster mit ihrer Mutter war ihm seine Tochter fremd geworden. Sie schien ihn zu hassen – und er hatte keine Ahnung warum. Aber er würde sich in seinem eigenen Palast von niemandem beschimpfen lassen. Auch nicht von seiner aufsässigen Tochter. Er sah Cristina ernst an – ein unbeteiligter Beobachter hätte sich über die verblüffende Ähnlichkeit des alten

Kämpfers mit seiner Tochter amüsiert. Cristina hatte die schmale lange Nase und die großen dunklen Augen ihres Vaters geerbt. Ihre kastanienbraune Mähne fiel ungebändigt über ihren Rücken. Für ihr Alter war sie überraschend groß – ebenfalls ein Erbe ihres Vaters, wie man erkennen konnte.

Doch im Moment war beim Fürsten von Valencia wenig Vaterstolz zu spüren.

„Cristina! Spare dir deine frechen Worte! So redest du nicht mit deinem Vater! Deine Aufgabe ist es, mir zu gehorchen – und da dulde ich keine Widerrede. Du wirst den Infanten schon noch lieben lernen. Frauen sollen nicht gegen ihren Mann reden. Also schweig!" Damit drehte er sich um. „Komm, Babieca."

Der Schimmel folgte ihm bereitwillig Richtung Stallungen.

Cristina sah dem hageren großen Mann hinterher. Alle hier in Valencia hatten Respekt vor ihm, dem großen „Cid", wie sie ihn nannten. Albern, schließlich hieß ihr Vater eigentlich Rodrigo Diaz de Bivar. Warum also diesen heidnischen Ehrennamen, wo er doch einen ordentlichen christlichen Namen hatte?

Vor einem knappen Jahr hatte ihr Vater sie zusammen mit ihrer Mutter aus dem Kloster geholt, in dem sie fast ihr ganzes Leben verbracht hatte. Cristinas Mutter konnte ihr Glück nicht fassen. Endlich durfte sie mit dem Mann zusammen sein, der Jahre in der Verbannung verbracht hatte. Cristina konnte diese Begeisterung nicht teilen. Statt dem ruhigen Leben zwischen Klostergarten und Gottesdiensten musste sie plötzlich ständig auf Feste, schließlich war sie ja die Tochter des Cid. Und ihre Mutter, Jimena, hatte kaum noch Zeit für sie. Sie wollte jede freie Minute mit ihrem Mann verbringen.

„Das wirst du verstehen, wenn du erst verheiratet bist!", hatte sie immer geheimnisvoll gesagt.

Cristina konnte nicht sehen, was so toll an einem Eheleben sein sollte. Denn zu allem Überfluss hatte ihr Vater kurzerhand beschlossen, dass sie diesen Fernando heiraten sollte. Wahrscheinlich verstand ihr Vater gar nicht, warum sie ihn nicht leiden konnte. Wo er sie doch aus dem Kloster befreit und mit einem echte Infanten verheiratet hatte. Er konnte nicht verstehen, dass sie sich bei Abt Sisebut wohl gefühlt hatte. Und Fernando … nun, das merkte wahrscheinlich sogar ihr Vater, dass er mit seinem Schwiegersohn nicht den besten Griff gemacht hatte.

Ganz allmählich erwachte der Hof wieder aus seiner Starre. Zwei Diener tauchten auf und beäugten den toten Löwen aus sicherer Entfernung, so, als ob er sich jederzeit wieder erheben könnte.

„Keine Angst, der ist mausetot", versicherte Cristina den beiden.

Endlich wagte sich auch Fernando wieder in den sonnenüberfluteten Hof. Er hatte seinen Helm abgenommen, die schweißnassen Haare klebten an seinem Kopf. Er sah verlegen auf seine Füße.

„Es tut mir Leid, dass ich nichts für deine Sicherheit tun konnte. Aber es erschien mir am vernünftigsten, mich in Sicherheit zu begeben und Verstärkung zu holen. Was kann ich alleine schon gegen einen Löwen ausrichten …"

„Fernando, du taugst einfach nichts!", ertönte es vom Tor her. Da stand wieder der glatzköpfige Lehrmeister für die Kunst des Schwertkampfes und schüttelte den Kopf.

„Es geht hier nicht darum, ob du eine Chance gegen den Löwen gehabt hättest. Es geht um das Herz oder den Mut, den ein echter Ritter haben muss, um ein Edelfräulein zu verteidigen. Ein Ritter muss seine Frau auch gegen hundert Angreifer schützen, sonst taugt er nichts!"

Fernando schien unter dem Tadel immer kleiner zu werden. Doch der Glatzkopf legte unbarmherzig nach.

„Ramiro hätte sich vor Cristina geworfen. Ja, sogar der Hengst unseres Herrn hat sich bemüht, sie zu verteidigen. Und welche Chance hat ein Pferd gegen einen Löwen? Normalerweise fliehen Pferde schon, wenn sie nur ein Raubtier riechen. Aber Babieca ist mutig zur Gefahr hingaloppiert – der Hengst hat mehr von einem Ritter als du, Fernando!"

Fernando sah Hilfe suchend zu Cristina hinüber. Aber die war jetzt nicht in der Stimmung, ihren Mann zu verteidigen. Sie schüttelte nur leicht den Kopf. Eine Geste, die jeder Diener auf dem Hof sehen konnte.

Fernandos Gesicht wurde flammend rot. Cristinas Reaktion war eine schlimmere Ohrfeige als der Tadel des Schwertmeisters. Er holte tief Luft, dann wandte er sich seinem Schwertlehrer zu.

„Du sprichst mit dem Infanten! Was gibt dir niedrig geborenem Wicht das Recht, mich und meinen Mut in Frage zu stellen." Fernando sah zu Cristina hinüber und redete weiter. „Und du bist nur die Tochter eines dahergelaufenen Söldners. Du musst dankbar sein, dass ich dich überhaupt geheiratet habe. Es steht dir nicht zu, mich zu tadeln!"

Cristina konnte es nicht fassen. Immer, wenn Fernando in die Ecke getrieben wurde, machte er das Gleiche. Er berief sich auf seinen endlosen Stammbaum, in dem es vor Helden und Königen nur so wimmelte. Er tat so, als müsste sich der ganze Hof des Fürsten von Valencia vor ihm verneigen. Dabei hatte er doch gerade erst gezeigt, dass es wirklich keinen Grund gab, ihn auch nur eine Sekunde zu ehren.

Cristina schüttelte noch einmal den Kopf und wandte sich ab. Sie fühlte sich schrecklich erschöpft und hatte keine Lust mehr auf einen weiteren fruchtlosen Streit mit ihrem Gatten. Mit rauschenden Gewändern ging sie an Fernando vorbei und verschwand im kühlen Inneren des Alcazar. Auf dem Weg in ihre Gemächer änderte sie ihr Ziel. Ihr ging das Bild des kämpfenden Schimmelhengstes nicht aus dem Kopf. Wer hatte schon jemals von einem so mutigen Pferd gehört? Sie musste Babieca unbedingt kurz besuchen.

Nach wenigen Augenblicken erreichte sie die Stallungen des Stadtpalastes. Der Hengst war wieder in seinem Unterstand und sah ihr freundlich aus seinen großen Augen entgegen. In dem schneeweißen Gesicht wirkten sie wie kleine Kohlestücke.

Cristina ging zu ihm hin. Er streckte ihr seinen Kopf entgegen und sie streichelte seine ramsköpfige Stirn zwischen den Augen. Genau so, wie sie es noch vor wenigen Minuten ihren Vater hatte tun sehen. Es schien dem Schimmel zu gefallen.

Cristina betrachtete ihn genau. Sie hatte gehört, dass ihr Vater noch nie mit einem anderen Pferd als diesem hier in die Schlacht geritten war. Aus der Nähe konnte sie nun die Spuren der Kämpfe erkennen. Da war eine alte Narbe am Hals. Eine knotige Stelle am Hinterbein, die von einem längst vergangenen Unfall erzählte. Auf seiner Kruppe entdeckte sie eine haarlose Stelle, die fast so aussah, als hätte ein Schwert ihn getroffen

215

und ihm eine tiefe Wunde zugefügt. Aber konnte das denn sein – bei einem so mutigen Tier?

Ihr Vater nannte ihn „Babieca". Merkwürdiger Name. Wer nannte sein Pferd schon „Dummkopf"?

Cristina streichelte nachdenklich weiter die Stirn des Hengstes. Babieca war gar nicht so groß, wie er bei den Paraden immer wirkte. Sie konnte ihm fast über den Rücken sehen – und Cristina war erst 15! Babieca war schneeweiß, sein Schweif fiel in üppigen Wellen fast bis auf den Boden und seine Mähne bedeckte beide Seiten seines mächtigen Halses. Auffällig war sein Kopf: groß, aber edel. Eine leichte Ramsnase, aber überhaupt nicht grob. Intelligent sah er aus, dieser Babieca. Aber wie intelligent konnte ein Tier sein, das freiwillig auf einen Löwen losging?

Cristina streichelte weiter seinen Hals. Sie hatte noch nie ein Pferd wie Babieca gesehen. Aber sie hatte sich bisher auch nicht in die Stallungen des Alcazar verirrt.

„Woher hast du gewusst, dass ich in Gefahr bin?", flüsterte sie. „Und warum ich? Hättest du jeden beschützt, der von einem Löwen angegriffen wird?"

„Nein, aber er kämpft für jeden, der zur Familie gehört!"

Cristina fuhr beim Klang der tiefen, rauen Stimme herum. Hinter ihr stand ihr Vater. Und den wollte sie heute wirklich nicht mehr treffen!

Sie versuchte, sich unauffällig an ihm vorbeizudrücken. Aber das war unmöglich, ihr Vater stand genau im Weg.

„Ich wollte mich nur bei ihm bedanken. Ich hoffe, Ihr seid nicht böse, dass ich ihn gestreichelt habe."

Ihr Vater sah sie belustigt an.

„Warum sollte ich böse sein? Babieca hat sich heute schließlich ein bisschen Lob verdient. Bleib ruhig noch. Babieca wird allmählich alt, er genießt es, wenn sich jemand um ihn kümmert."

Cristina drehte sich wieder um.

Da fing ihr Vater wieder an zu reden, leiser diesmal. Seine tiefe Stimme klang fast wie ein Flüstern.

„Cristina, ich weiß, dass es schwer ist, mit Fernando verheiratet zu sein. Er ist nicht der würdige Mann für dich, verzeih mir. Aber ich hatte keine Wahl, als ihm deine Hand zu geben, das musst du mir glauben."

Cristina sah ihn fragend an.

Ihr Vater sprach weiter. „Das Angebot, dich mit Fernando zu vermählen, war eine große Ehre des Königs. Hätte ich es abgelehnt, hätte ich alles verloren. Noch einmal wollte ich Jimena und dich nicht verlieren. Und Valencia auch nicht. Die Feinde stehen vor den Mauern der Stadt, ich brauche Verbündete – und ich bekam sie nur mit dieser Hochzeit."

Cristina schüttelte den Kopf. Zu ihrem Ärger stiegen ihr schon wieder Tränen in die Augen.

„Aber warum ist Euch eine Stadt wichtiger als Eure einzige Tochter? Ihr könnt doch auch weiterhin kämpfen mit und gegen wen Ihr wollt. So wie Ihr es in den letzten Jahren gehalten habt, während Mutter und ich in dem Kloster bei Abt Sisebut waren. Wer Euch zahlt, für den kämpft Ihr. Was ist denn jetzt anders?"

Ihr Vater schüttelte den Kopf. Auch er sah aus der Nähe betrachtet nicht mehr ganz jung aus – genauso wie sein Hengst. Der berühmte Cid hatte graue Strähnen in seinem rotblonden

Bart, eine Wange wurde durch eine hässliche Narbe verunstaltet. Von seiner Nase zogen sich tiefe Falten zu den Mundwinkeln. Er sah Cristina lange mit seinen dunklen Augen an. Dann seufzte er leise.

„Cristina, ich hätte so gerne, dass du mich verstehst. Darf ich dir erzählen, wie es dazu kam, dass wir jetzt hier in Valencia sitzen, die Feinde vor der Stadtmauer und meine einzige Tochter mit einem unwürdigen Mann verheiratet?"

Er sah Cristina eindringlich an, bis sie endlich zögernd nickte. Der Cid deutete einladend auf eine kleine Mauer vor Babiecas Stall. „Setz dich, es ist eine lange Geschichte …"

Berühmte Pferde

Katrin Kaiser

224 Seiten, ab 12 Jahre

Schneider Buch

EGMONT

Caroline

Max Kruse

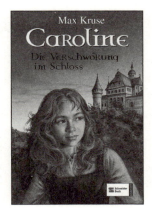
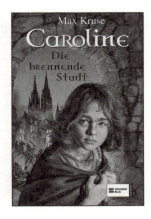

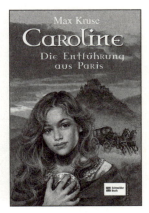

160 Seiten, ab 12 Jahre

Schneider Buch

EGMONT

Walter Farley

Blitz, der schwarze Hengst (Band 1)

Blitz kehrt heim (Band 2)

Blitz schickt seinen Sohn (Band 3)

Blitz und Vulkan (Band 4)

Blitz bricht aus (Band 5)

240/288 Seiten, ab 10 Jahre

Schneider Buch EGMONT